Élyse, la fille de sa mère

Catalogage avant publication de Bibliothèque et Archives nationales du Québec et Bibliothèque et Archives Canada

Jasmin, Claude, 1930-

    Élyse, la fille de sa mère

    ISBN 978-2-89261-870-9

    I. Titre.

PS8519.A85E49 2014   C843'.54   C2014-941153-7
PS9519.A85E49 2014

Les Éditions XYZ bénéficient du soutien financier des institutions suivantes pour leurs activités d'édition :
– Conseil des Arts du Canada ;
– Gouvernement du Canada par l'entremise du Fonds du livre du Canada (FLC) ;
– Société de développement des entreprises culturelles du Québec (SODEC) ;
– Gouvernement du Québec par l'entremise du programme de crédit d'impôt pour l'édition de livres.

Édition : Marie-Pierre Barathon
Conception typographique et montage : Édiscript enr.
Montage de la couverture : René St-Amand
Illustration de la couverture : Denis Desson
Photographie de l'auteur : Martine Doyon

ISBN version imprimée : 978-2-89261-870-9
ISBN version numérique (PDF) : 978-2-89261-871-6
ISBN version numérique (ePub) : 978-2-89261-872-3

Dépôt légal : 3ᵉ trimestre 2014
Bibliothèque et Archives nationales du Québec
Bibliothèque et Archives Canada

Diffusion/distribution au Canada :
Distribution HMH
1815, avenue De Lorimier
Montréal (Québec) H2K 3W6
www.distributionhmh.com

Diffusion/distribution en Europe :
Librairie du Québec/DNM
30, rue Gay-Lussac
75005 Paris, FRANCE
www.librairieduquebec.fr

Imprimé au Canada

www.editionsxyz.com

Claude Jasmin

Élyse, la fille de sa mère

roman

1

Une mère digne?

Fin septembre. 1948. Vive mon tramway Saint-Denis, numéro 24! Ce soir encore, j'en descends à l'avenue des Pins, bien habillé, arrosé de lotion à barbe, cravate neuve correctement nouée. Je marche deux coins de rue vers l'est, je sonne au 551-A, un sous-sol de la rue Cherrier. Une vieille dame, veuve, chic châle de dentelle: «Entrez, ça ne sera pas bien long.» Armande Désaulniers m'invite du geste dans son salon sombre: «Ma fille achève de se pomponner, jeune homme.» Son unique et très précieuse Élyse me crie depuis la salle de bain: «J'arrive!»

Ça veut dire encore cinq minutes. Je vais devoir à nouveau subir le babillage mondain: «Vous savez, Claude, on nous a changé notre nom avec le temps. Il n'y a pas si longtemps nous étions des *Des Aulniers,* en deux mots, et pas Désaulniers. Assoyez-vous donc. Vous ai-je déjà dit que nos ancêtres étaient des seigneurs? Et aussi les fondateurs de la ville de Yamachiche! Ils avaient manoir et moulin…»

La maman de ma nouvelle «blonde» va jusqu'à un placard, en sort un coffret; dedans, une liasse de papiers jaunis. Elle fouille et cherche les preuves de ses affirmations. «Je vous crois sur parole, madame, pas la peine de…» Elle soupire et range vite ses précieux papiers, me sourit faiblement: «Oui, des seigneurs!»

Armande *Des Aulniers* s'allonge sur son vieux divan à la tapisserie usée. «Mon Élyse m'a dit que votre papa était marchand? Qu'il avait un magasin près de la rue Jean-Talon, n'est-ce pas? À quelle sorte de commerce vaque-t-il donc?» J'hésite. Est-ce que le fils du tenancier d'une petite gargote sera jugé digne de sa fille? «C'est un simple restaurant, madame, installé au sous-sol de notre logis.» Intimidé, fou, j'ajoute: «Mon père a été, un temps, importateur. Thés, cafés, épices, bibelots… à Westmount.» La veuve *Des Aulniers* ouvre grand les yeux: Oh, importateur, hein!

La voilà replongée dans son lointain passé, me décrivant ce temps des manoirs et des moulins. Je ne l'écoute pas. La mélancolique litanie des oripeaux de sa noblesse perdue me lasse. Sa diction aux accents empruntés me retient de commenter ses regrets généalogiques, et puis ses malchances, la lente désagrégation familiale, son grand arbre malmené: «Et oui, j'ai épousé un cousin lointain, un *Des Aulniers* comme moi. Une union morganatique, en ma défaveur, hélas! Est-ce assez bizarre? Feu mon pauvre mari, hélas, n'avait aucune ambition et se contentait volontiers de son emploi de petit fonctionnaire municipal.»

Ce bla-bla-bla m'assomme d'ennui. Enfin Élyse m'apparaît et mon cœur fait toc-toc. Qu'elle est belle! Je suis en amour par-dessus la tête depuis un mois. Je l'admire, si fragile, j'aime sa démarche gracieuse, ses manières si délicates, ses gestes tout en douceur, ses sourires comme réservés, sa voix si suave, son visage si pâle.

«Sauvons-nous, sinon ma mère va conter sa légende familiale à plus finir.» Élyse m'ouvre vite la porte d'entrée en riant.

La rue Cherrier s'anime avec le soir qui monte. Nous voulons voir la célèbre Édith Piaf. Son premier spectacle à Montréal. Nous avons eu des billets à prix réduit, au balcon évidemment. Avec Piaf, il y aura Les Compagnons de la chanson, un groupe fameux. Nous marchons jusqu'au Monument national, rue Saint-Laurent. On a très hâte. Il fait beau et chaud comme en plein été. Soudain, coin Saint-Laurent et Sherbrooke, Élyse dit en riant: «Je gage que la *mother* a encore trouvé le moyen de se *poffer* avec sa lignée de Grands Seigneurs, non?» Je réponds: «Tu sais, ta mère, une veuve si seule, elle a bien le droit à ses vieilles histoires de famille, tu crois pas?» Elle me serre la main: «C'est qu'elle veut absolument que je fréquente un neveu lointain à elle, le fils d'un banquier!»

Je ralentis le pas, ne dis rien. Une crainte m'envahit soudain: je ne suis pas un fils de grande famille, moi, que le rejeton modeste d'une classe à part, basse, disons «inadéquate» pour sa fille, c'est certain. J'ai peur et me promets qu'à ma prochaine visite rue Cherrier, je lui parlerai de mon parrain, un savant. L'oncle Ernest, exilé en Chine du nord. Ernest Jasmin, un «Prix Prince de Galles» collégien, un des rares «Prix Collin». Mme *Des Aulniers* me terrorise. Perdre ma pâle Élyse me terrasserait. «Tu sais, nous avons une cousine très célèbre qui est une brillante journaliste à la radio. Judith Jasmin. Je te l'ai dit?» Élyse: «Marchons plus vite, on va arriver en retard. Écoute, tu serais le fils d'un pauvre charbonnier, que je t'aimerais autant!»

Elle rit. Elle rit toujours pauvrement, chichement. L'impression d'une fille toujours profondément triste. Au coin d'une rue, rencontre avec mon camarade, André Laurence, qui est en versification comme moi chez les Sulpiciens. C'est ce camarade, mon meilleur ami, qui m'a fait connaître ma pâle Élyse. Il était venu à Pointe-Calumet au mois d'août de l'été dernier avec sa fidèle Pierrette Bélanger. Elle, fille de médecin prospère, était au chalet d'été voisin du nôtre... Élyse, étudiante avec Pierrette à Villa-Maria, les accompagnait. Dans le canot automobile de Pierrette, j'aperçus cette fille si douce et timide, grande et mince dans son maillot de bain, ses longs cheveux blonds étalés dans son dos... et, oui, ce fut immédiatement le coup de foudre.

Édith Piaf nous a ravis, comme aussi ces jeunes Compagnons de la chanson et, plus tard, sous un ciel étoilé, devant la porte du 551-A Cherrier, j'ai embrassé Élyse très fort. J'étais fou de joie. Curieux, on aurait dit une évanouie, une silhouette éthérée, fantomatique, impalpable. M'aimait-elle? Soudain, la porte s'ouvrit, elle, Armande veuve: «Vous me la ramenez tard, jeune homme. Que cela ne se renouvelle pas!»

Je me suis sauvé vers mon tram Saint-Denis, le numéro 24.

2

Diaphane Élyse

Je flotte. Si léger. Si heureux. À l'heure du lunch, sandwich et dessert (croquettes à la crème) avalés, j'ai refusé d'accompagner, comme à l'accoutumée, les gars de ma bande, Jérôme, Reinhardt, Martucchi, Marion. Non, c'est fini, plus besoin du tout d'aller fleureter – et fumer – dans les champs buissonniers au nord du collège. Assez de ces jolies filles s'évadant du couvent du boulevard Gouin, Sophie-Barat.

Oui, désormais, il y a Élyse dans ma vie.

Il y a aussi mon bulletin de l'examen mensuel en maths. Oh la la! Cinq points sur… vingt! Un désastre encore. En fin d'année, ce sera la catastrophe, je le crains. Je coulerai et n'accéderai pas à la classe de belles-lettres. J'aurai dix-huit ans et mon père n'a pas les moyens de payer mon redoublement en versification. Il me faudra, j'en ai bien peur, m'orienter vers une école de métiers. Mon ambitieuse mère sera anéantie. Elle qui rêvait me voir devenir un jour «un fameux plaideur» dans nos cours de justice. Ne serai sans doute jamais un digne et riche «professionnel». Son rêve fou.

J'écoute de moins en moins nos enseignants et, de plus en plus – compensation? –, je me transforme en

« clown de ma classe », en pitre hilare et divertissant, jouant l'acteur bouffon, sans cesse, habile imitateur des pères sulpiciens. Je suis très apprécié des camarades et remporte un fort succès comme trublion, caricaturiste effréné de nos profs. J'ai un talent en dessin. On se passe mes ouvrages graphiques sous les couvercles des pupitres. Mais qui rira en dernier ? Ma posture de grand comique, statut vain, réputation futile, ne dérange pas vraiment les autres. Doués normalement, eux. C'en est rendu que déjà à la fin septembre, le sévère père Filion, dès son entrée en classe, m'indique d'un geste impératif… la porte ! À prendre sans délai. Un banni. Un condamné. Seul, sur une chaise du corridor, je songe à elle.

Le week-end dernier, sans les parents, au chalet de Pierrette Bélanger, « Ti-Cor » Laurence osait monter s'enfermer dans la chambre de sa « meilleure ». Il y eut des rires, des petits cris… et, alors, très embarrassée, Élyse a couru sur leur plage vers le bateau. Moteur poussé à fond, nous sommes allés nous embrasser goulûment, au beau soleil, à cette « Île-aux-fesses » au-delà de la Grande Baie, proche d'Oka. Après nos embrassades et caresses, je lui ai avoué mes échecs répétés en mathématiques et ma peur d'une école de métiers. « Si tu ne poursuis pas ton cours classique, ma mère va exiger… Écoute, elle m'a demandé hier de "casser" avec toi… » J'ai tremblé. Je sais bien que, rue Cherrier, sa mère veuve, Armande, me juge indigne de son Élyse, d'une descendante de « la caste *Des Aulniers* ».

« Pourquoi Ti-Cor pour nommer André ? » me demande-t-elle et je lui raconte que le papa de mon ami, un brillant pharmacien de la rue Ontario, au coin de Saint-Denis, a inventé et commercialisé avec grand succès *L'anti-Cor Laurence*. Elle rit de bon cœur : « J'en ai pas besoin, d'anticor ! » J'approuve : « Élyse, je sais que tu as un corps parfait, jusqu'aux orteils. » On rit encore. Un vent soudain fait une grosse houle sur le lac des Deux Montagnes. Le long bateau peint aux couleurs des riches cimentiers Miron – orange et noir – sort du chenal au large et fonce vers nous. Nous ne serons plus seuls, fini de jouer les Paul et Virginie, et le soleil se couvre de nuages subitement. Je démarre le moteur, un dix forces ; les beaux cheveux blonds d'Élyse soudain au vent : « Sois prévenu, mon amour, que moi, je veux me marier vierge. » Comme à regret, je l'avoue, je lui affirme : « Moi aussi, moi aussi ! » Puis je m'écoute, incrédule, lui confier : « Mon amour, promis, je vais devenir très attentif aux cours de maths du bonhomme Maheu. Promis. » Je pose une main sur sa tête.

Vêtu de mon imperméable, très Humphrey Bogart dans *Casablanca*, je sonne le lendemain rue Cherrier. C'est un samedi soir de pluie fine. La mère noble m'ouvre. Élyse, « partie, dit sa maman, me faire une commission urgente à l'épicerie de la rue Saint-André » allait rentrer bientôt. Le salon sombre. Je m'impatiente et Mme *Des Aulniers*, s'excusant sans cesse, tousse et tousse, crache délicatement dans son joli mouchoir brodé de fil rose. La voilà qui entonne ses antiennes sur sa classe sociale : « Jeune homme, je suppose que vous le devinez, ma fille fait rêver un tas de soupirants. Si vous saviez, et ne le prenez pas mal, mais ma petite Élyse, si belle, est d'une classe à part. On l'envie, on rêve d'elle et elle est jalousée. Pourtant Élyse est modeste, trop à mon avis... Ne le prenez pas mal... Elle veut aller en lettres à l'université, après Villa-Maria – une institution qui me coûte les yeux de la tête – mais moi, je sais bien qu'elle convolera, et jeune, avec un très bon parti. Elle aura le choix, comme vous le pensez bien. Votre petite histoire est passagère, vous rencontrerez des jeunes filles d'un rang qui vous convient, soyons francs tous les deux, inutile de se le cacher. Élyse trouvera, et très rapidement, un beau et riche cavalier de son genre. »

Armande *Des Aulniers* se lève, frissonne, tousse, ouvre sa broderie et crache encore, s'enveloppe mieux de sa verte robe de chambre toute brodée d'or. Elle regarde l'heure sur sa toute minuscule montre à chaînette d'argent et, courbée, trottine dans ses pantoufles de satin rose jusqu'à la fenêtre – « quel sale temps n'est-ce pas ? » ; elle ouvre grand les rideaux de dentelle rose puis ajuste l'énorme ventilateur électrique posé sur un calorifère peint or. « Je m'excuse d'insister, je sens que vous ne voyez pas vraiment qu'Élyse est une fille mieux que bien élevée, qui a des allures de princesse et que c'est digne de son sang. Malgré notre chute sociale, la perte de notre rang – que Dieu pardonne à mon défunt mari, négligent et faible, imprévoyant. Son pauvre papa n'était pas un homme à savoir élever une enfant impressionnable, d'un tempérament capricieux, souvent en proie aux maladies, oui, une frêle adolescente incapable le plus souvent de se débrouiller avec les heurts inévitables de la vie. Les entraves d'une existence dangereuse dans cette ville où rôdent tant de malfrats, de délinquants, de fripons, dans ce quartier rempli de jeunes coquins qui rôdent tous les soirs, tenez, disons le mot, de véritables rastaquouères! Que d'inquiétudes pour une maman, si vous saviez... Vous qui venez du nord de la ville, vous savez tout ça, n'est-ce pas?»

Armande change encore de fauteuil, s'allonge sur son divan rose, ouvre la portière d'un cabinet finement menuisé, sort une carafe et un verre ciselé. Elle se sert du porto et ne m'en offre pas. Les yeux fermés, elle avale lentement: «Un délice, un cadeau de la comtesse Ruzai de Fiat, une amie de la famille... Ma fille unique, j'ai su – malgré ce père velléitaire, buveur et joueur – la dresser habilement aux bons usages, aux belles manières. C'est maintenant une perle rare, avouez-le. Elle est ma réussite, de là tant de soupirants à ses pieds. Savez-vous que toute jeune elle a suivi des cours de diction? Mais tout cela ne la protège pas des périls ordinaires de la vie réelle à Montréal. J'ai su, malgré la désinvolture du papa, lui inculquer les notions essentielles, en faire une jeune fille réservée, pas trop candide cependant, mais il a fallu lui ouvrir les yeux, et Élyse se méfie comme il se doit...» Armande vide son verre, s'en offre un nouveau. «À votre âge, on ne boit pas... Elle se méfie même de vous, je l'espère, elle est très capable de voir venir la moindre supercherie, le moindre mensonge, prenez bien garde! Il y a, je n'aime pas le mot mais il faut dire les vérités, il y a de sinistres, je le dis, "prédateurs". Votre papa vient de la campagne, m'a dit ma fille, c'est vrai?»

Je songe, espérant au plus vite le retour de ma blonde, à la ferme de Laval-des-Rapides où fut élevé papa. À sa mère, ma chère marraine si généreuse, grand-maman, née Prud'homme qui, veuve toute jeune, avait réintégré la grande maison familiale. Je revois toute ma parenté de cultivateurs dans les chaises berçantes les dimanches de visite. Les Prud'homme de trois générations fument de grosses pipes et crachent bruyamment, remplissant les crachoirs de cuivre, sur leur longue galerie au bord de la rivière Des Prairies. En face, sur l'autre rive, on voyait les murs de la prison de Bordeaux, à Montréal. Nous rentrions rue Saint-Denis, de lourds paquets de légumes aux bras, dont des carottes fraîches que j'avais équeutées dans un sombre caveau de leur ferme. Je me souviens encore de leur « parlure d'habitants » qui m'amusait fort, moi, l'étudiant de latin et de grec ancien.

« Madame, un de mes oncles, un habitant, est devenu quasi millionnaire. Il avait acheté un brevet allemand pour couvrir les granges et les écuries avec du métal. Vieux, il était devenu propriétaire d'une sorte de maison-manoir pas loin d'ici, rue Saint-Hubert. Il est mort là. » Armande a ouvert très grand ses yeux verts et ne commente pas. « Je ne mens pas, vous pouvez aller voir près de la centrale de police, tout proche de l'hôtel de ville, une immense enseigne peinte sur un grand mur de briques. C'est écrit, vous le verrez : PAUL PRUD'HOMME, FERBLANTIER. » Je me tais finalement. Je me cherchais un brin de fierté familiale pour tenter de l'épater un peu.

Élyse enfin est revenue, plus belle que jamais, trempée de pluie, les cheveux dans le visage, mais toute souriante dans son imperméable noir. Son beau sourire et je fonds encore. Elle veut remettre à sa maman les deux

sacs de papier brun. Sa mère: «Va vite porter ça à la cuisine, ma grande, merci.» Armande remplit de nouveau
son verre et boit cul sec! Nous nous enfuyons vite, car
nous voulons voir le *Hamlet* du célèbre Laurence Olivier,
à l'affiche dans un des grands cinémas de la rue Sainte-
Catherine. Dans le tramway, soudain, le front tout ridé,
Élyse, mon amour, se penche sur moi: «Ma mère boit
trop et de plus en plus. Hier soir, elle a fait une chute
dans le couloir et, pour la première fois de ma vie, je l'ai
entendue sacrer, un énorme "tabarnac". Elle doit être
malheureuse.»

Je suis mal pour mon Élyse.

3

Armande-la-pas-fine

Voici venu octobre. Dans les bois derrière le collège, le feuillage des arbres s'orne de bien jolies couleurs. Rue Saint-Denis, il n'y a que les deux énormes peupliers du parterre, chez mon ami Dubé, pour rester bien verts et ainsi résister à l'automne qui commence. Comme aussi, les deux lilas d'un vert sombre, juste en face de la demeure du docteur D'Anna, le dévoué médecin des Italiens de la rue voisine, Drolet. Ma mère, ricanante, me dit hier que je ne marche pas, que je sautille comme une gazelle! La *mother* moqueuse devinerait mon bonheur nouveau? En effet, il y a désormais, qui fait battre si fort mon cœur, ma belle et tourmentée Élyse de la rue Cherrier.

C'est bien la première fois que je suis mordu à ce point.

Avec mon ex, une jolie noiraude, Micheline de Pointe-Calumet, c'est bien terminé. Je l'ai croisée cette semaine au coin de la rue Saint-Viateur. Froide rencontre. Elle est très déçue de moi et un peu agressive: «Ma mère qui t'aimait tant, tu le sais ça, s'ennuie de toi, Claude!» Elle m'a dit s'être inscrite à un *business-college* bien coté, l'académie Rhéaume, rue Saint-Denis

19

et Mont-Royal : «Je deviendrai une sténodactylo, quoi!
Bien loin de ton monde "classique". »

Nos amours estivales, à Micheline et à moi, n'avaient
rien de commun avec mes sentiments si nobles pour
Élyse. Terminées, ces amours folles aux torrides épanche-
ments! Un romantisme tout de sensualité effrénée, si on
veut. Cette cour un peu brutale à la jolie Micheline me
paraît désormais avoir été une affaire de cœur bien juvé-
nile, passagère ; la découverte réciproque de nos corps sur
toutes les plages secrètes du lac, une expédition volage.
Sans conséquences solides. Au début, nous avions quinze
ans.

Hier midi, Jacques Malbœuf, mon voisin : «Oh
boy, Cloclo! Je t'ai vu sortir du Rivoli avec ta nouvelle
flamme, une ben maigre grébiche, ça! Qu'est-ce que tu
lui trouves? Toute pâle et dépeignée, pas de poitrine du
tout, une vraie planche à repasser!» Quel grossier salaud
que ce Malbœuf! Il ne court que les filles à gros seins.
Celles avec «des gros jos», comme il dit. Je reste donc, à
ses yeux de voyou, «Claude-le-rêveur». Oui, je me lan-
guis pour une fille qui, comme moi, apprécie la poésie,
qui lit Lamartine ou Musset, Baudelaire et Verlaine. À la
bibliothèque Shamrock où je fais mes devoirs, au-dessus
du poste de pompiers de la rue Saint-Dominique, je lis
et relis ces si beaux chants d'amour. Ma délectation.

J'ai songé à monter à la salle d'Youville, rue Crémazie,
une pièce de Marivaux. Peut-être en embrigadant cette
troupe d'amateurs que tente d'animer Gaétan Labrèche,
un des élèves du Studio Audet, rue Saint-Hubert. Il m'a
été présenté par un copain du voisinage, Vincelette. Ce
jeune acteur blond, Labrèche, me veut comme «son»

auteur pour une pièce qui le mettrait en vedette. Une jolie fille le suit partout, Denise Dubreuil. Ils forment «le» couple emblématique à nos yeux – c'est Michèle Morgan avec Jean Marais.

Stimulé, j'ai commencé un dialogue genre *Paul et Virginie*. Tante Rose-Alba, qui croit en moi, une fois sa librairie abandonnée, m'a offert son sous-sol aménagé comme salle de répétition. Labrèche, toujours avec sa Dubreuil au bras, est venu visiter le 7453 de la rue Saint-Denis un dimanche après-midi. Il a paru très satisfait du lieu. Vite achever mon ouvrage.

À ma biblio, je m'amuse de la découverte de ce François Hertel qui a été chassé de sa paroisse Saint-Ambroise, rue Beaubien. Je relis, étonné, *Axes et Parallaxes, Strophes et Catastrophes*. Avant de défroquer des Jésuites, encore prêtre, il enseignait la philosophie au Grasset. Les élèves l'adoraient. J'ai appris qu'on vient de congédier un autre professeur adoré de ses élèves, un peintre du nom de Borduas. Drôle de mode! Hertel a vendu sa revue littéraire, *Amérique française*, à Andrée Maillet de Westmount, une poète de famille riche, une Dupuis par sa mère, héritière donc du grand magasin à rayons, Dupuis Frères. J'ai envoyé à *Amérique française* un bref texte «de révolte» et Maillet l'a accepté. Bien mieux, il a été brièvement commenté dans *Le Devoir* par nul autre que le célèbre André Laurendeau. Ma fierté.

Montré du doigt, Hertel a déclaré qu'il s'exile en France. Je le lis avec curiosité: une poésie étrange et moderne. D'une encre surréaliste. C'est à ma biblio aussi que je rédige ma première pièce, *La belle Marion aux bois*, un drame «sylvestre», naturalisme, magie et amours contrariées. Hélas, je crains l'abandon du projet, l'ami Yvon Vincelette, un autre « fou de théâtre » dans ma rue, m'a appris que la belle muse de Gaétan va le quitter. Il y aurait, me dit Yvon, « incompatibilité » ? Oui, « contrariété de caractères ». Sacré mystère, qui ruine ma grande ambition de devenir un dramaturge.

Mais j'ai Élyse. J'ai de la joie au cœur, aussi, allons voir ma belle.

En arrivant au 551-A, je découvre, assis dans un gros crapaud vert au fond du salon, un blondinet ! Armande vide une carafe de vin blanc et parle sur un ton de « précieuse ridicule ». Du couloir, j'observe le jeune intrus très volubile. Élyse passe et me le présente vitement, puis retourne à sa toilette. Il se nomme Blaise Gouin, ce gras gaillard rougeaud. La tête sur les épaules, il n'a pas de cou. Armande me regarde à peine, cause d'abondance avec son jeune visiteur. Ce Blaise au débit nerveux ravale sans cesse sa salive. Il a une voix de fausset qui m'agace, et la bouche en cul-de-poule. Quelle pie jacasseuse ! Je l'écoute pérorer : « Partout, tout partout, la décadence actuelle ! » dit-il. Pouah, ses gestes efféminés.

Je reste debout, invisible aux yeux de l'élite, et j'entends stupéfait : « Cher Blaise, je vous en prie, emmenez mon Élyse à ce concert au parc La Fontaine. Elle adore Beethoven. » Enfin, le blond joufflu me regarde, muet. Armande aussitôt : « Son ami Claude n'en a que pour le jazz, son cher jitterbug, il ignore la musique classique, hélas ! » Ricanements. En effet, dans ma famille, dans mon milieu, cette musique nous est inconnue.

Armande hausse le ton : « Cher Blaise, je fais un pari, il l'emmène encore voir un de ces vulgaires

films américains, est-ce que je me trompe, Claude?»
Humiliation, mais je ne dis rien. Nous allons voir les
Trois farces de Molière avec la troupe des Compagnons,
au théâtre du Gesù. Quand Élyse, enfin prête, apparaît,
elle m'accroche le bras et me tire vers la sortie. La mère
en échappe son verre et se lève: «Élyse chérie, Blaise veut
t'emmener dimanche à un concert, ton cher Beethoven,
Élyse!» Du portique, Élyse lui lance: «M'man, c'est lui
mon chum. J'en veux pas d'autre!» Silence au salon.

Rue Cherrier, marchant d'un pas rapide – je peine
à la suivre – elle s'étouffe presque: «Je n'en peux plus,
ma mère ne lâche pas; quand c'est pas ce gros lard de
Blaise qu'elle invite, c'est l'héritier des quincailliers Rhoe,
Bertrand Rhoe. Un cousin lointain qui est l'envers de
Blaise. Ce Bertrand, c'est les os et la peau. Je l'ai baptisé
Le désossé, à la Toulouse-Lautrec. Tiens, je suis à bout!
Dimanche dernier, maman a invité Benoît qui est le fils
cadet de la riche famille des confiseurs Vaillancourt. Si tu
l'avais vu, tu aurais ri. Un nabot! Déjà un peu chauve à
dix-neuf ans, et en plus, il bégaie. Vraiment, je n'en peux
plus.» Élyse a les larmes aux yeux. «Il y a, Élyse, que ta
mère ne m'estime pas du tout, j'y peux rien!»

Dans le hall du Gesù, ma pâle beauté blonde raconte:
«Ma pauvre mère est si angoissée, tellement anxieuse au
sujet de notre avenir à toutes les deux. Elle veut me sauver de la pauvreté en tentant de m'associer avec ces gens
riches de ses connaissances, elle "tire du grand". (Élyse
sourit faiblement.) Que veux-tu, elle pète plus haut que
le trou!» De nouveau son maigre rire bref.

On examine, dans le hall, une série de tableaux de
Charles Daudelin et du très jeune Normand Hudon,

un voisin doué de mon quartier. Sur tout un mur, de grands dessins de Julien Hébert, notre professeur d'art au collège.

Une cloche retentit. Il faudrait reprendre nos sièges. Je me souviens soudain d'une visite récente rue Cherrier, sa mère, verre à la main, debout devant moi et le front tout ridé : « Écoutez, pour m'aider au budget, Élyse devra se trouver un emploi les week-ends. On en est là, notre situation en est à ce point tragique... que je songe, fin décembre, à retirer Élyse de Villa-Maria. C'est trop cher. Elle ira dans une autre école, rue Christophe-Colomb, à moindres frais, oui, j'ai pris des arrangements pour janvier prochain. » Je n'avais plus su quoi dire, rue Cherrier.

La cloche se fait de nouveau entendre, stridente. Fin de l'entracte et le rideau va se lever. Quand, une fois assis dans nos sièges, je lui parle du changement d'école, Élyse me dit qu'elle s'en fiche et que, de toute façon, elle supporte de plus en plus mal les pimbêches, filles de juges, de sénateurs ou de gros marchands. Des sottes prétentieuses qui la snobent, qui la méprisent, la jugeant à ses pauvres vêtements « pas à la mode ».

Après la représentation, il pleut moins fort sur la rue de Bleury. Mon grand plaisir d'avoir entendu Élyse rire autant aux facéties burlesques, au talentueux cabotinage des Jean Coutu et Georges Groulx, des Gascon et Roux. Je lui offre d'aller boire un cola au coin de la rue Sainte-Catherine. Proche de Saint-Laurent, nous découvrons une énorme affiche lumineuse avec la géante silhouette de la séduisante danseuse et effeuilleuse américaine, Lili St-Cyr, mettant ses formes de l'avant.

Nous croisons, qui reviennent aussi du Gesù, de mes amis du collège : le cher triumvirat, Ti-Cor Laurence – qui est toujours collé à sa Pierrette – avec Lemay et Gauthier. Tous parlent d'aller boire un petit coup au *Beaver Club*, cabaret bien mal famé, d'une réputation pire que douteuse ; un goût de jouer les dévergondés ! Élyse : « On y va ! Là, Claude, aucun danger d'y rencontrer le gros Blaise ou le maigre Bertrand ! » On y grimpe. Ti-Cor, cabotin moliéresque, pousse des grognements à la Georges Groulx, se tortille à la Jean-Louis Roux. On monte en riant le très long escalier. Au troisième étage, dans l'entrée du *Beaver*, un maigre vagabond étendu sur le sol ronfle et bave, ivre mort, et nous bloque le chemin. Alors, notre musclé Gauthier le soulève, le jette sur son épaule, le porte jusqu'au pied des marches et le couche à la renverse sur le trottoir. Rires de tous ! Puis c'est la commande rituelle de « quatre grosses ». On en a pour une heure au moins à jouer les jeunes affranchis, loin des curés de Grasset ! Dans leur coin mal éclairé, trois musiciens un peu endormis imitent une *jam-session* de musique noire, faux nègres au teint bien pâle. Nous nous projetons aussitôt au fin fond de la Louisiane, dans un café de La Nouvelle-Orléans. Rêvons et buvons.

Un samedi soir. Élyse n'était pas encore revenue de chez une copine, rue Saint-Hubert. J'étais seul avec sa mère. Une lumière crue tombait du pauvre petit lustre au plafond. Cette fois, pas de calcul d'ambiance avec des lampes allumées aux bons endroits. Armande *Des Aulniers* ne buvait pas aujourd'hui. Elle se tenait très droite, debout et se soutenant – paraissant si fragile pour une fois – au manteau de son maigre faux foyer, en faux fer forgé et faux marbre. Armande était vêtue sobrement. Pas de ces robes à dentelles, pas de ces accoutrements exotiques aux colifichets de fausse haute couture. Elle portait un costume tailleur aux bordures élimées, d'une couleur sombre. Elle cachait ses longs cheveux grisonnants dans une sorte de voile musulman. Bref, Mme *Des Aulniers* n'affichait plus aucune dignité héréditaire. Ne jouait plus devant moi au grand personnage inconsolable, issu d'une noblesse abîmée. Elle m'apparut toute changée, songeuse, grave. Assis dans le gros crapaud de velours vert, un peu écrasé, impressionné en tout cas par cet aspect nouveau de la maman de ma chère Élyse, j'entendis cette fois une voix moins criarde, quasi timide : « Oh, je vous en supplie, il faut essayer de comprendre. Je n'ai rien contre vous personnellement, absolument rien, cher Claude. Vous suivez des études sérieuses à un collège assez bien renommé ; ce n'est pas le Brébeuf, mais bon. Vous deviendrez un jour, vous me l'avez dit, un avocat, si possible un criminaliste. C'est une profession fort honorable. Non, non, n'allez pas vous imaginer que je vous vois comme un ennemi de notre classe, à Élyse et à moi. Pas du tout. Non, un jour, vous serez des nôtres. Vous serez juge un jour, peut-être. Pourquoi pas ? »

Armande va à son cabinet et me verse un petit verre de vin blanc. Je vois ses mains qui tremblent. Je sens venir une annonce troublante. J'ai un peu peur. J'ai bien vu un regard nouveau, un regard un peu épouvanté. Que me cache-t-elle, qu'est-ce qu'elle va me révéler ? Elle a repris sa pose, s'appuyant délicatement à sa fausse cheminée de plâtre.

«Vous allez mieux saisir notre situation. Vous le savez. Il y a la réalité. À propos, je vous le dis, je songe à déménager là-haut, dans votre quartier d'ouvriers. Mais oui, on en est là.» Je songe à tous les médecins — une dizaine juste dans notre pâté de maisons —, aux notaires et aux avocats de mon voisinage rue Saint-Denis… Armande *Des Aulniers* a soudain une violente quinte de toux qui la fait quasiment étouffer. Elle vide un verre d'eau minérale. «Mais oui, on ne meurt pas de simplement changer d'environnement, n'est-ce pas? Et pourquoi non? Je quitterai donc la bonne et belle bourgeoisie du voisinage. Vous saviez qu'à côté d'ici, rue Saint-Hubert, il y a, ou il y a eu, le prestigieux éditeur, M. Lévesque? Mais oui. On me dit que son garçon, un certain Raymond, brille déjà par ses poésies naïves; ma foi, l'hérédité facilite ces choses. Il y a aussi un autre éditeur de renom, M. Pelletier, un autre voisin rue Saint-Hubert. Un homme de lettres donc, et qui serait déjà fier de ses enfants, me dit-on, il s'agit de jeunes comédiens, Denise et son frère Gilles. Des talents très prometteurs, vous le savez je suppose, vous qui aimez tant le théâtre?»

Armande quitte la cheminée et se poste devant une des fenêtres de la pièce. Elle ouvre presque violemment ses rideaux. Stationné, bariolé de blanc sale et de rouge vif, lettrage commercial noir, un très énorme camion, grondant de tout son moteur, fait vibrer le salon: «Ces mastodontes infâmes font sans cesse un vacarme et répandent des fumées nauséabondes… mais quoi, on ne peut pas contrôler ses voisins. Et puis, je sais bien que lorsque nous serons installées dans votre coin là-haut, ce sera bien pire encore, avouez-le. » Je ne réponds pas. Si Élyse pouvait revenir au plus tôt.

Mme *Des Aulniers* referme les rideaux et, à ma grande surprise, vient vers moi, s'arrête net, puis se rapproche davantage et me prend les deux avant-bras, les serre, grimace un peu, je suis atterré : « Claude, mon jeune ami, Claude ! Êtes-vous capable, Claude, d'un geste héroïque, de… ? De vous empêcher de… De permettre un… D'oser renoncer à… » Cette femme mal maquillée aujourd'hui, pas mal décoiffée, comme en proie à une crise de nerfs, baisse la tête, la relève, serre les mâchoires comme pour s'empêcher de parler, d'en dire davantage, je ne sais plus où me mettre, je recule d'un pas et elle s'avance aussitôt, s'accroche à mes bras : « Pourriez-vous faire le sacrifice de… » Elle m'implore des yeux, je suis un peu affolé quand, soudain, Élyse s'amène dans un certain fracas, les mains pleines de sacs. « Nous en reparlerons… », me souffle cette mère en crise. Et elle va en courant vers sa cuisine, disant : « Mes légumes, j'oubliais… »

« Bon. On y va ? Je m'excuse du retard. Mon amie ne retrouvait rien de ce qu'elle m'avait promis de me donner. On y va maintenant ? » La noirceur s'installe rapidement rue Cherrier. Je lève la tête, j'aime voir et revoir ces jolis pignons sur les toits de ces anciennes maisons. Le vent fait danser des papiers salis dans les parterres. Un chétif et long érable, tout dénudé, me paraît comme un fantôme grimaçant et je songe à cette vieillissante mère, bien bizarre tantôt, accrochée frénétiquement à mes poignets, n'arrivant pas à formuler clairement un besoin… une envie ou un souhait… un je-ne-sais-trop-quoi… «Élyse, ta mère va bien ces temps-ci, oui?» Elle stoppe au coin de Saint-Denis, me regarde intensément. Derrière elle, de l'autre côté de la rue, je vois le jeune poète Gaston Miron qui sort du restaurant *La belle Lorraine.* «Il y a que ma folle de mère exige, tu m'entends bien, elle a exigé que ce faux cousin de la "haute gomme", Blaise, devienne très officiellement mon fiancé. Il le lui a demandé. J'ai fait une terrible crise, Claude, j'ai levé la main sur ma mère. Je le regrette maintenant. Mais il y a des limites, non?»

Je ne dis rien. Nous marchons lentement sur Saint-Denis vers la rue Ontario, vers la belle vieille maison de Pierrette. Mon copain, Ti-Cor Laurence, son bien cher chéri, y sera. C'est son anniversaire, à la fille du docteur Bélanger. On a acheté hier midi deux cadeaux modestes, deux livres en rabais chez le père Tranquille.

4

Par le sang bleu…

Ma mère, fait rare, rarissime même, est tombée malade.
Une sorte de maladie indéfinissable! Une de nos loca-
taires du deuxième, Mme O'Leary, commère agréée, a dit:
«Faiblesse générale, votre mère débordée!» Il s'agirait
d'une mystérieuse «indisposition», selon tante Alice – la
sœur pleureuse – venue la visiter. C'est «sans cause précise», selon notre médecin de famille. Du sur-ménage, a
décrété l'oncle cantinier, Léo… «Simple anémie perni-
cieuse», bafouille le professeur Hudon avalant de la *pizz*
au restaurant de papa.

«Elle a pris le lit», comme on dit. Ça fait deux jours!
La chambre de nos parents se situe derrière le salon du
logis, seule pièce libre depuis la venue de Nicole, puis
de Reine, la benjamine. Ainsi nous ne disposons plus
de salle à dîner et, aux temps des fêtes, tout se déroule
dans la cuisine.

Écrasé sur le *chesterfield* du salon, j'attends mon
heure de radio de prédilection: «Les mémoires du
docteur Lorange.» J'en aime les effets sonores si trou-
blants, ces récits se déroulant dans des contrées inconnues. Ma mère tousse un peu, s'éclaircit la voix pour
me dire: «Alors, mon petit gars? Cette séduisante Élyse

Désaulniers? Ça marche à ton goût?» Je me lève, traverse la portière de tissu imprimé aux motifs exotiques pour la rejoindre. «Écoute m'man, dans la famille, la tienne ou celle de papa, est-ce qu'il y a un personnage célèbre?» Ma mère: «Quelle drôle de question?» J'insiste: «Disons, un savant, quelqu'un de prestigieux? Tu vois ce que je veux dire?» Ma mère ferme les yeux, réfléchit, puis, avec un soupir bruyant: «Il y a ton oncle qui a remporté un concours parmi tous les baccalauréats du pays, le Prix Colin. C'est pas rien, je te prie de le croire.»

Je retourne me jeter sur le *chesterfield*, hausse la voix: «Non, non, je te parle d'une personne importante sur le plan héréditaire dans notre lignée. Vois-tu bien à quoi je fais allusion?» Ma mère tousse, une toux de gorge. «Cet oncle Ernest a gagné aussi, parmi tous les rhétoriciens du Québec, le fameux Prix Prince de Galles! Mais veux-tu me dire…» Je bondis et retraverse les rideaux: «Il y a que sa mère, à mon Élyse, ben… elle me méprise, on dirait. Elle me jette sans cesse au visage des noms de sa famille, des gens honorables, un juge, un sénateur, un lieutenant-gouverneur, tiens-toi bien, m'man, un seigneur même! Elle me laisse entendre que je suis pas digne de sa fille!»

Voilà ma mère malade qui se redresse dans son lit et proteste: «Ah ben là, pour qui elle nous prend? Pour des rustres, des paysans ignorants, des va-nu-pieds? Mon p'tit gars, tu lui diras que ta mère a étudié chez les Dames de la Congrégation! Okay? Que mon père était un boucher important à Pointe-Saint-Charles. Qu'il avait des clients importants, certains Irlandais de bon renom dans sa rue Centre. – Je m'en fiche bien, maman, tu sais. Je n'ai pas ce genre de vanité.» Je vais lui caresser un bras. Elle a les yeux très mauvais : « Non mais ! Tu lui diras que nous avons eu un oncle qui était millionnaire. Un certain Sénécal qui était banquier, rien de moins ! Attends… » Ma mère se sort difficilement du lit, puis crapahute en toussant vers un tiroir de sa table de toilette à trois miroirs. Elle fouille. Elle sort une sacoche d'où elle tire un large billet de banque rose. « Regarde ! Viens voir ça ! Viens lire le nom ! C'est un billet de cinquante dollars signé de la propre main de l'oncle Sénécal. Prends-le, ça te mordra pas. Je te le prête. Tu lui mettras ça sous le nez, à cette pimbêche. L'ex-mari de ma cousine Sénécal était propriétaire de sa banque privée. Est-ce que c'est assez important pour cette petite madame de la rue Cherrier ? »

Ma mère tousse de plus belle, se réinstalle au milieu de son lit, ferme les yeux. J'entends mon petit frère et mes cinq sœurs qui remontent bruyamment l'escalier de la cave en chantonnant, heureux, jaseurs, de bien bonne humeur. Manger des hamburgers, des hot-dogs, des frites, des cornets de glace, boire des boissons gazeuses et cela, depuis deux jours : pour eux, c'est le paradis sur terre !

Je vais dans ma chambre pour mettre le billet de la banque Sénécal dans mon portefeuille. Je sais que je ne le montrerai pas, ni à Élyse ni à sa mère. C'est si ridicule. Je veux valoir seul, devenir quelqu'un par moi-même, sans m'appuyer sur qui que ce soit. Si la sainte famille *Des Aulniers* refuse d'attendre une réussite quelconque de ma part, tant pis, je dirai adieu à ces gens. C'est faux, j'ai mal rien que d'y penser. Moi ? La quitter, elle ? Oh non, jamais. Je n'arriverais jamais à me passer d'elle.

Je l'aime comme un fou. Hier encore, elle m'a bien entendu lui dire: «S'il le fallait, j'abandonnerais mes études classiques et j'irais m'engager n'importe où, à faire n'importe quoi. Je serais, Élyse, simple débardeur s'il le fallait…» Elle m'a pris dans ses bras au beau milieu de la rue Sherbrooke et elle m'a longuement embrassé. J'ai vu deux grosses larmes qui glissaient sur ses joues. Elle a eu un sourire qui m'a envoûté et elle a dit: «Claude, mon amour, ce que les gens appellent "le sang bleu", c'est de la foutaise pour ceux qui s'aiment. Pas vrai?» On a vu l'autobus jaune qui arrivait et on a couru. Au Forum de l'ouest de la ville, notre collège allait disputer un match important de hockey intercollégial. Vite, aller assister, en criant, en agitant des fanions colorés, espérer une victoire contre les fils à papa du collège Brébeuf!

Le véhicule débordait de voyageurs, nous étions collés, vraiment tassés, serrés, et Élyse – une *Des Aulniers*! –, sans gêne celle-là, a osé me donner un nouveau baiser. Bien chaud.

5

Un amour fou… et la police

J'ai peur. De moi. D'elle. J'ai peur de la folie. Je ne vis plus tout à fait normalement. Je ne rêve qu'à elle, ma beauté rare, ma longue tige si souple, ma jolie fleur à tête blonde. Mon miel si doré. Mon parfum très unique. Mon cadeau des dieux. Mon Élyse.

Elle est partout. Dans toutes mes pensées, de l'aube au crépuscule et dans mes nuits profondes quand je finis par sombrer au fond des ravins du sommeil.

C'est prévisible, je vais rater mon année. Je coulerai en juin comme je coule aux examens mensuels. Je cours à l'échec total et je serai chassé du collège ; je deviendrai un vagabond, un voyou, un raté.

Je ne peux m'empêcher de rêver à elle. Je la veux sans cesse à mes côtés, chaque jour, à chaque heure de chaque jour ; elle est toute ma vie. Éveillé, dans le sentier derrière le collège, dans ma ruelle, au magasin, durant la moindre course, je rêve à elle ; je rêve à elle à potron-minet ou quand, dans le fond de leur cour, le coq fou des Mancuso crie à minuit !

Si je le pouvais, Élyse serait toujours dans mes bras. Je l'observe, marchant vers moi, aérienne, si mince, maigre même – j'aime ses os, ma foi ! Je l'observe aussi, souvent, à distance, en silence; ce que je vois, ému, c'est sa douceur inouïe, une fragilité émouvante, la délicatesse de «sa démarche légère», cher Ferré, une féerie qui me bouleverse, moi, le faraud. Elle m'est une divinité de la mythologie grecque telle que mon petit manuel du collège la résume. Je vis avec elle dans un paradis – élyséen, tiens! – elle m'est une invention presque irréelle. Une figure inédite, unique, très folle. Elle est mon miracle laïque de Lourdes, mon Fatima. Élyse est ma grande souveraine, je la vénère de toute mon âme. Je suis «le fou d'Élyse», poète Aragon; c'est mon Elsa à moi. Je la regarde qui regarde divers horizons, chaque soir, au bord du trottoir du 551-A, au coin d'un carrefour animé, dans une ruelle de son quartier. Ou sur le lit de sa chambre. Oh, nos somptueuses caresses, quand sa mère n'est pas là.

Élyse m'émeut, me ravit aussi, me comble tout à fait d'aise. Elle est, à jamais, l'élue de mon cœur. Nos serments. Pour toujours. Pour le restant de nos existences. On a posé notre main droite sur les *Illuminations* rimbaldiennes, un livre cher, notre évangile, notre bible. Je jure qu'elle est tout mon avenir et que si elle meurt, je meurs aussi.

Cette chance de vivre dans sa beauté, cette grâce qui émane d'elle, de son cou, ses épaules, son ventre, ses cuisses, ses jambes, ses pieds, cette grâce inouïe, particulière. Tout son corps, emblématique, aux blasons fêtés, une Vénus accessible. Pourtant, aussi, la vision d'une curieuse sorte de détresse, comme retenue. Son cri tout menu, parfois; soudain, un soupir bizarre; subitement, un regard éperdu, un geste grave échappé, une parole toute triste, et sa drôle de prison-mère. Des bouts de vie perdus.

Élyse, portrait qui me bouleverse, tableau qui m'illumine, attachante image prisonnière d'un internat imposé, sa mère. Aussi, parfois, esquisse d'un fulgurant désespoir contenu, et je reste sourd et muet à ne pas oser la questionner. Pourquoi, Élyse, ce voile discret d'une immense tristesse au fond de tes yeux verts? Éclair intimidant. Mais un espoir fou surgit soudain, ses lèvres muent et ce sont des sourires venus de nulle part. Irraisonnables, je dirais. Métamorphoses subites qui m'enchantent. Me troublent aussi. Élyse, Élyse?

J'ose croire qu'elle compte sur moi… pour rire parfois, pour pleurer aussi, pour s'extraire d'un mal mystérieux, de son destin qui lui pèse comme une menace. Cette Armande mère. Un mal à être. Comment échapper à cette ambition maternelle, à ce cerbère vêtu de robes antiques qui la guette, l'espionne toujours, policière qui la couve et qui l'accapare?

Je me sauve un peu partout avec elle, petits jardins, grands parcs, cinémas, théâtres, cafés de coin de rue, au *Jour et Nuit*, au *Pam-Pam*, au *Noir et Blanc*, partout, hors du 551-A. Être un peu seul avec Élyse, c'est être au paradis. Nos visages collés, on grimpe au firmament des jeunes amoureux, enfin libres, bouche à bouche, yeux clos, cœurs battants, mains nouées, alors on accède à un peu de soleil, ou à la lune, ou à des nuages illuminés.

Beau temps ou pluies diluviennes, orages électriques ou brèves ondées, réunis dans un petit bar discret, dans un maigre jardin – son cher square Saint-Louis au bout de sa rue – son vert voisin de l'ouest, pour nous embrasser en paix. Laissons les gamins ricaner, nous n'entendons que nos cœurs qui battent, qui battent comme à la toute fin du film *Les visiteurs du soir*. Le bonheur des étudiants pauvres. Brefs rayons de jovialité alors. Partout, à ce comptoir de magasin pour acheter une rose ou des cigarettes, une barre de chocolat, un petit gâteau, ou un cahier pour mes poèmes, hélas, de patachon. Vite, un crayon, marquer le petit bonheur, la joie folle. Juste pour un de ses trop rares sourires. Trop maigres sourires de la belle détenue, de la prisonnière du 551-A. Élyse à faire rire le plus souvent que je peux.

Elle sort de chez elle; un joli bouquet qui m'apparaît, plante mobile multicolore, sa robe flottante sous la brise, et qui traverse la rue en courant pour venir vers moi. Le bleu-vert de ses yeux, la blondeur de ses cheveux, sa peau d'ivoire, translucide, sa fine et longue silhouette, j'ouvre grand les bras à cette souplesse pâle et lumineuse à la fois. Alors, j'ai peur, mon cœur bat trop fort. J'ai peur, me retenant de courir aussi vers elle. Je reste figé. Je l'écraserais par ma hâte. Ce serait une collision brutale, nous pourrions alors, dans un fracas fou, disparaître à jamais, non? Dans ce néant des amoureux incontrôlables, selon les contes. Légendes noires invérifiables.

L'aimer encore, une fois encore, la prendre enfin dans mes bras, écouter son essoufflement et l'embrasser, sa belle bouche rougie par ma fougue. Ah oui, la mordre presque! Cadeau violent; je suis fou d'elle. Fou à lier. Vraiment fou. Ce soir encore, Élyse m'a vu approcher et la vieille porte du 551-A s'est ouverte. Élyse, comme du vent, qui sort, ses pas aériens au milieu de la rue Cherrier. J'ai vu des rideaux qui s'agitent, qui remuent hypocritement, et je devine la mère calcula-trice qui s'énerve. J'enrage! Armande *Des Aulniers*, qui descend d'un seigneur de Yamachiche, et qui rage de perdre sa fille à ce gringalet roturier de basse extraction. Seigneur!

Ma chambre, une lampe faiblarde, un tas de livres sco-laires sur mon petit pupitre. Soudain maman surgit tout énervée, en robe de chambre, échevelée, le front ridé : «Claude, viens vite, il y a la police dans le portique et ils veulent te parler!» Toute la soirée, nous avions répété, avec les gars de Grasset, *Le Cid*, sous la gouverne de notre dévoué prof de diction, Aimé Degrandmaison, salle Saint-Alphonse, rue Crémazie. Hélas, c'est encore mon ami, le surdoué Roger Reinhardt qui a hérité du rôle du héros de Corneille. Pas moi, Don Rodrigue, merde! Dans le portique, un des deux agents de police, raide et froid : «Jeune homme, est-ce que vous savez où on pourrait retrouver la disparue, ta blonde, Élyse Désaulniers?» Ma stupéfaction! J'apprends qu'Élyse a fugué. Qu'elle n'est pas rentrée chez elle. Que ces poli-ciers ont conduit, humiliée et mortifiée, sa mère à l'hô-pital Saint-Luc. «Elle se meurt d'angoisse, mon jeune ami!» Ma mère pousse aussitôt un long «Ah» de dou-leur et me dévisage alors que je n'y suis pour rien. Je ne sais quoi dire. «Vous pourrez être dans le gros pétrin si vous nous cachez quelque chose, mon jeune», ren-chérit le constable bougon, le calepin sorti de sa poche. «Voulez-vous passer au salon, messieurs?» dit maman.

«Pas de temps à perdre, ma p'tite dame, il va être passé minuit là, c'est une fille mineure, vous savez!»

J'éprouve une sorte de honte. Je dis aux gendarmes qu'ils feraient mieux d'aller questionner au plus vite sa meilleure amie de couvent, Pierrette Bélanger. Je donne son adresse. Le duo armé repart aussitôt en très grande vitesse. Ma mère: «Pauvre mère, va!» Encore sonné, je dis: «Pauvre Élyse plutôt, sa mère est folle!» Maman me gronde: «Peu importe, sa sorte de mère, c'est une grande bêtise de fuguer à son âge!» Ma mère retournée à sa chambre, je ne sais plus quoi faire. Ainsi, pendant que je récitais du Corneille, une Élyse étonnante décidait de fuir carrément le 551-A de la rue Cherrier. J'imagine des scénarios. Armande *Des Aulniers*, digne et folle, aurait invité un de ses soupirants nobles? Ou quoi encore? Une querelle atroce? Une vive dispute? Élyse qui s'emporte comme jamais en voyant se pointer chez elle – avec un bouquet? – ce jeune et riche cousin de «la fesse gauche»? Envie de téléphoner chez le docteur Bélanger. Non, ne pas bouger. Le pire? La police qui la trouve – rue Saint-Denis et Ontario – et qui ramène la brebis égarée au chevet de la mère démontée. Ne rien faire. Attendre.

J'ai mal dormi. Au collège, le lendemain matin, dès mon arrivée, je jette mon sac dans ma case de vestiaire et je me précipite vers André «Ti-Cor» Laurence qui joue au billard dans la grande salle. «Ti-Cor, maudit verrat, Élyse était-elle réfugiée chez ta blonde hier soir?» Il rit. «Oui, et elle va te tuer, c'est toi le bavard, non?»

Tout est bien qui finit bien. Élyse a refusé d'aller voir sa marâtre de mère à l'hôpital Saint-Luc. Elle a exigé de rentrer rue Cherrier pour retrouver sa tante Annie, qu'elle aime bien. Cette sœur aînée d'Armande Désaulniers, une «vieille fille» rieuse, était sa gardienne favorite, enfant.

Dans le salon du 551-A, cette tante Annie me raconte: «Ma sœur est une anxieuse grave. Elle avait invité ce gros Blaise à sortir sa fille pour un grand concert avec le maestro Wilfrid Pelletier. Élyse a fait une crise terrible et s'est enfuie. Le cousin de race (Annie rit) était confus et humilié.» J'ai moi aussi envie de rire. Elle continue: «D'une part, ta blonde m'a promis de ne pas récidiver et, d'autre part, ma petite sœur Armande m'a promis de cesser ses tractations pour "un grand avenir sécurisé". Elle lui fichera la paix, m'a-t-elle juré à l'hôpital.»

Selon Annie, la mère choquée a vite obtenu son congé et va rentrer chez elle d'un moment à l'autre. Autant qu'Élyse, je crains une ardente et farouche bouderie, une rencontre acrimonieuse insupportable. Nous partons donc en vitesse. Avant d'aller voir un film au Saint-Denis, nous allons boire un soda à *La belle Lorraine*. À notre arrivée, ce poète bohémien et un peu loufoque, Gaston Miron, veut encore une fois nous lire une de ses dernières pontes. On lui fait comprendre qu'on a besoin d'être seuls. Dans une loge tapissée de cuirette rouge, Élyse est encore nerveuse: «Tu peux imaginer, mon vieux, quand Mme Bélanger a ouvert sa porte aux policiers... la panique au salon! Pourtant, elle a tout de suite cherché à me faire comprendre qu'il valait mieux pour tout le monde que je rentre chez moi.»

Dans le tram et puis dans le grand hall du Saint-Denis, Élyse me confie, encore étonnée: «Vas-tu me croire, il y a, au sous-sol des Bélanger, une clinique un peu clandestine où des filles sont soignées. Les chambrettes de cette cave-hôpital coûtent très cher, paraît-il. Les hommes qui les ont engrossées sont tous des gens importants. Il y aurait parmi eux des députés, des ministres de Duplessis même. Des juges aussi!» Je n'en reviens pas. Je savais que la mère de Pierrette, l'épouse du médecin, notre voisin à Pointe-Calumet, est une infirmière bien cotée.

Ti-Cor et sa Pierrette chérie se montrent enfin et s'excusent de leur retard. «Pis, ta mère? Pas trop cinglante, pas trop de coups de fouet, ma pauvre Élyse?» Ti-Cor rigole. «Non, elle va changer, elle me l'a promis!» Pierrette part s'acheter du chocolat et des croustilles. Cela ne la fera pas maigrir! Élyse regarde Ti-Cor intensément: «Si ça recommence, ses manèges à mariages fortunés, je tombe enceinte, et je sais maintenant où aller me faire soigner, pas vrai?» André Laurence se fige, recule d'un pas, se penche vers Élyse et chuchote: «Euh… tu sais, tout ça, la clinique du beau-père, bien, il faudrait garder ça entre nous, compris? C'est pas vraiment légal.»

Un peu plus tard, on entre dans la vaste salle. Raimu nous y attend avec son bel accent du midi. La jolie Fanny y sera aussi. Et ce Marius qui lui a fait, hors mariage – tiens, tiens – un bébé!

6

La Gestapo à l'œuvre

Oh non, visite obligatoire à mon « directeur de conscience » dans sa chambre qui pue le vieux garçon. Le sulpicien Lachance, vieux et sourd, grogne des imprécations. Il marmonne : « Faudra aller chez le directeur Allard, soyez prévenu, jeune homme, il n'est pas content. » Il me remet un billet d'avertissement : je devrai donc aller d'abord voir le père Langis, le sévère préfet des études. Les deux autres « moines » japperont, j'imagine.

Au bureau du rêche Langis, ce sont carrément des menaces : « Abandonnez immédiatement, lors des récréations, toutes ces excursions de sauvages avec votre bande. Finies à jamais, c'est un ordre, ces promenades louches dans les sentiers boisés derrière le collège, ces fumeries, ces rencontres avec des gueuses délurées qu'on ne sait pas d'où elles sortent ! »

Le directeur Allard en rajoute : « Nous savons tout, Dieu merci. Nos vaillants scouts sont notre armée, nos précieux yeux, et on nous rapporte tout, sachez-le. » Des menaces encore : « J'avertirai vos parents, vos notes baissent mois après mois, vous allez couler votre année, redressez-vous, c'est urgent ! Quand je songe à notre ami du Grand Séminaire, votre oncle Ernest... Lui,

43

en Chine, il sera informé de votre conduite, sachez-le! Votre oncle, un frère missionnaire exemplaire. Qui est un saint, oui, un saint, jeune écervelé!»

Ti-Cor Laurence, Olivier Gauthier et Roger Reinhardt sont tous très écœurés de cette «Gestapo». Ces scouts délateurs, *fifis* des curés, des grands *slacks* en culottes courtes, zélotes froussards, attardés et bornés qui vont «pratiquer des nœuds savants» dans le bois derrière le Grasset.

Si je pouvais convaincre mon père de m'envoyer à Marie-Médiatrice, rue Roy, ou mieux encore, chez Mongeau-Saint-Hilaire, un collège privé rue Saint-Hubert, sans règlements autoritaires d'aucune sorte. Là, on me traiterait en jeune adulte. Cadotte, un confrère «seurieux» – est-il le délégué du trio Allard, Langis et Lachance? – tente de me ramener au bon ordre, à la discipline «nécessaire», m'offre son aide pour les mathématiques, ma très grande faiblesse. Je refuse. Je hais cette matière que le prof Maheu s'ingénie à nous instiller. Le bonhomme Maheu, un nabot excité, fébrile, entre en classe, ne nous regarde pas un seul instant et, craie à la main, blanchit le tableau de ses difficiles équations. Le tableau tout rempli, la cloche sonne et Maheu quitte la classe, piètre pédagogue. Nul. C'est, chaque fois, ma belle Élyse qui me remplit l'esprit, qui me fait planer, qui réchauffe ma vie. La revoir au plus vite, chaque jour. Et vivre alors vraiment.

Armande *Des Aulniers* m'ouvre sa porte. «Élyse est retenue à son couvent pour la répétition d'un Molière. Je vais en profiter, je veux en profiter. Il faut que nous parlions très sérieusement. Nous devons nous entendre. Il en va de son avenir, de sa vie future.» Je voudrais disparaître par magie. Elle se verse un grand verre de vin et m'offre une limonade avec des glaçons. «Je ne vous cacherai rien. Je suis pauvre. Élyse aussi par le fait même. Si vous l'aimez vraiment, vous allez m'obéir, cher Claude.»

Ce sera, d'une voix grave, quasiment murmuré, le visage imprégné de sévérité, affichant tout de même un maigre sourire, si faux. Elle veut envoyer son Élyse chérie, loin, très loin, dans un pensionnat – «des mieux tenus, cher Claude» – au Nouveau-Brunswick, à Moncton. Sa tante Annie, qui accepte de lui payer son séjour là-bas, saura la convaincre. Pour son bien. Cet exil la fera vieillir et réfléchir, c'est tout entendu. «Cette Pierrette Bélanger est un vrai danger, capable de contamination grave. Ce sont des gens sans foi ni morale.» Cette clinique clandestine du docteur libertaire, «là, où se retrouvent d'horribles pécheresses, des filles-mères, des filles perdues, des séductrices qui mènent des existences débauchées». Elle sait tout, me répète-t-elle. Une amie dangereuse que cette Pierrette! Si j'aime sincèrement Élyse, insiste-t-elle, je saurai rompre. «Oui, oui, par amour véritable.»

Je reste sans voix. Je suis si désolé, si perdu, ne sachant comment réagir. Son antienne m'accable: «Si vous aimez vraiment Élyse…» C'est plus clair que jamais: un jour ou l'autre, ce cousin lointain la sauvera d'une vie de misère.

Cette mère est ruinée, en mauvaise santé, «dans la rue», selon son propre aveu. Me voilà décontenancé. Je me lève, je veux m'en aller. Armande *Des Aulniers* me fait me rasseoir. Se sert du vin encore et encore. Sa voix se durcit. Je vois sa main qui tremble. «Je veux votre parole, cher Claude, il n'y a plus de temps à perdre. Avec votre charme, vous vous trouverez très vite une nouvelle amie de cœur.» Si vous aimez ma fille vraiment... ne cesse-t-elle de répéter. En janvier, elle sera à Moncton et finira par m'oublier.

La voyant tituber, à la recherche de sa carafe de vin, j'éclate. Je ne sais trop comment le courage m'arrive, je lève la voix grandement : «Madame, c'est inutile, c'est impossible, si on me force à me séparer d'Élyse, je ne sais trop ce que je deviendrai. Je tomberai malade, vous savez. Je ne pourrais pas vivre sans votre fille. Je suis bien décidé à la garder.»

Je me fais pitié, je m'entends protester, puis je me sens mollir, trembler presque, j'ai la voix cassée : «Madame, je quitterai le collège. J'irai travailler s'il le faut, madame. Dans un bureau ou dans une usine.» C'est vrai, je ferai n'importe quoi, camionneur, débardeur, simple petit commis, livreur. Elle n'a pas le droit d'exiger l'impossible. Elle doit me comprendre, il ne s'agit pas d'une passade, d'une amourette. «Élyse vous le dirait, madame, je suis aveuglé d'amour par votre fille. Sans elle, je crèverais, vous savez, je vous en prie, je vous en supplie, ne l'expédiez pas à l'autre bout du monde.» Ce serait vain en effet, j'irais la retrouver et je me dénicherais n'importe quel emploi, là-bas, chez les Acadiens du bord de l'océan Atlantique.

La mère d'Élyse me regarde comme perdue. Ne dit plus un mot et va à la fenêtre, ouvre les rideaux. Le vent arrache les dernières feuilles des arbres de la rue Cherrier.

Une pluie fine tombe. Cette femme semble enfin désarmée, et voilà que j'éclate en sanglots! Nous restons là, debout tous les deux, un silence lourd règne. Coup de clochette soudain à la porte qui s'ouvre. Élyse entre, les cheveux mouillés de pluie. Elle me sourit, s'arrête net, et ses bras retombent. Elle voit mes larmes, va à sa mère: «Maman, je te préviens, si tu lui fais de la peine, je me sauverai, cette fois pour toujours. Maman, tu ne me reverras plus jamais.»

Voilà sa mère qui fond en larmes à son tour. Gêné, je quitte le 551-A et Élyse me rejoint. «Élyse, ta mère veut t'envoyer dans un pensionnat au Nouveau-Brunswick!» Elle répond, calme: «Attends-moi, je vais rentrer faire une valise, j'irai habiter chez Pierrette.» Sa mère, soudain, apparaît dans l'encadrement de la porte, les mains grandes ouvertes. Elle tremble et titube de plus belle: «Rentrez, tous les deux. Tu n'iras nulle part, je dois me raisonner puisque vous vous aimez tant.»

On rentre.

7

La honte…

Elle était là, devant moi, assise très droite, ses beaux cheveux blonds déroulés sur ses fines épaules. Elle tenait deux plats de bonbons multicolores dans ses mains. Élyse semblait un peu mal à l'aise dans un des deux fauteuils de rotin de notre petit boudoir qui donnait sur la rue, à l'avant du logis.

Une statue. Du beau marbre. Rose. Élyse ne disait rien, ne souriait pas, gardait un visage attentif à ce qui se passait chez moi, ici, dans cette famille très nombreuse par rapport à la sienne. Elle est une enfant unique, orpheline de père. La clochette de l'entrée sonnait sans cesse et, chaque fois, le visage grave, Élyse se levait avec moi, nous donnions de nos friandises aux quêteurs, enfants déguisés à notre porte. Les uns munis d'un petit panier, les autres d'un grand sac ou d'une sacoche quelconque. On retournait s'asseoir au boudoir après chaque venue de ces petits quémandeurs hilares.

« Tu sais, moi, ma mère ne permettait jamais que je participe à l'Halloween. Madame *Des Aulniers* jugeait ces défilés d'une totale vulgarité. » Cette fois, qui sonne à la porte ? Raynald, mon jeune frère, douze ans, déguisé en Charlie Chaplin. Raynald accompagne Nicole, dix

ans, vêtue d'une bizarre soutane orientale qu'elle a déni-
chée dans le hangar, parmi les restes du défunt magasin chinois de papa. Enfin, il y a, main tendue, Reine.
La fragile benjamine, l'aliénée, est déguisée en fée d'un
conte de Perrault.

Je présente mon amour à ce trio joyeux. Mais, pressés
car il y a tant de généreux donateurs dans notre rue, ils
n'y font guère attention. Pas de temps à perdre. Noirceur
totale certes à l'étage du voisin, chez Mlle Denis, une
grondeuse, célibataire endurcie. Même noir complet au
logis du docteur Bédard, farouche misanthrope. Le noir
aussi chez les Morneau qui viennent de perdre une fille;
le noir encore chez Mme O'Leary, veuve toute récente, et
chez le notaire Décarie, déjà exilé à Miami en ce début
de novembre. Mais partout où vivent des enfants, plein
de lumières et accueil enthousiaste. Élyse s'amusait-elle
vraiment? Je me questionnais. Pourquoi sa mine sévère,
ce visage presque dur, renfrogné? Mon grand amour
pâle et maigre regrettait-elle d'enfreindre «le bon ordre
maternel», l'ancienne loi de la rue Cherrier? Elle semblait découvrir pour la première fois de sa vie ce défilé
fou de petits clowns, de singes, de lions, de rois et de
reines de pacotille. Cette ribambelle de vagabonds de
cinq à douze ans.

Il faisait un temps d'une douceur rare pour la saison.
La fenêtre du boudoir était grande ouverte, ne restait
que la moustiquaire. Une soirée étonnante où j'ai cru
même entendre des criquets dans les parterres. Il allait
être neuf heures bientôt et on sonnait de plus en plus
rarement. Élyse et moi, nous mangions les restes de chocolat, de noix, de pistaches. Cette soirée d'Halloween

s'achevait toujours tôt, vu l'âge des gamins et gamines du quartier.

Élyse sursaute, je tentais de l'embrasser un peu partout. Des cris se répercutent dehors sur le trottoir. Élyse ouvre les rideaux, voit des silhouettes frétillantes au pied de notre balcon, dans la faible lumière de l'enseigne de mon père : «Claude, ça se tiraille raide, ils se donnent de violents coups de poing, de pied. Viens voir ça!» Elle s'en énerve. Comment lui expliquer que certains clients de la gargote paternelle au sous-sol sont des voyous agressifs. Ma douce pâle blonde observe ces *zoot suits*. Élyse semble découvrir ces fous de jitterbug. Elle voit les épaules des vestons rembourrées à l'extrême, les pantalons serrés aux chevilles, les longues chaînes qui se balancent, les chapeaux pointus… Et la bataille qui dure. «Écoute, ils vont se tuer!»

Je la rassure. Je ferme la fenêtre dans notre chambre, à Raynald et à moi, attenante au boudoir. J'entraîne Élyse à mon pupitre pour lui montrer mes récents dessins. Pauvres tentatives pour «capter» au fusain ma chère actrice, Veronica Lake, une star de Hollywood aux tristesses affichées. Avatar d'Élyse? Maman passe lentement dans le couloir avec ses yeux mauvais, hum… nous deux dans ma chambre! Retour au boudoir prestement.

Venant du salon, la pièce voisine, voici le futur beau-frère, le cher René à Lucille. Celui qui «fréquente» assidûment l'aînée, ma dévouée «deuxième mère». Ma mère répète : «C'est un "habitant" de Terrebonne, le futur de ma plus grande, et qui a un très bon cœur.» René Pitre parle du mariage prochain. Pour le mois de mai. Ma mère : «Ce mariage, à une condition, René, tu vas me

vendre au plus tôt ta damnée motocyclette, promis?»
Il rit. Il veut me montrer un magazine avec photos de
rodéos, du *Far West*. «C'est mon rêve d'aller à Calgary,
un jour. Et ta sœur me dit pas non.» Le grand René
regarde ma fragile Élyse qui baisse les yeux.

«Ayez pas peur. J'ai jamais mangé personne. La
belle-mère icitte me traite toujours d'"habitant", mais,
viarge du bon Yeu, je viens de Saint-Rémy, et mon père,
avant de mourir, y était boucher, le meilleur, pas un
cultivateur, bout de ciarge!»

Il rit. Élyse lui sourit. Lucille s'amène, un *cream soda*
et un sac de cerises de France dans les mains. Elle veut
se presser contre son cher fiancé, mais René s'assoit à
côté d'Élyse. Il nous explique les nuances entre les dif-
férentes races de chevaux, et le reste. Il baragouine – il
parle toujours à toute vitesse – dans un dialecte bien à
lui et je ne suis pas certain qu'Élyse saisit tout ce qu'il
dit. Rue Cherrier, on parle du très bon français, je dois
l'admettre. Voilà qu'une honte m'envahit. Et j'ai honte
d'avoir honte. Mais c'est plus fort que tout. «Le monde,
cé d'valeur à dire, continue René, est ben gros gnochon,
mam'zelle. Les genssses, y pense que tous les chevals sont
pareils. Y savent pas qu'à un vra rodéo, on parle de pros
là, ben, tu t'amènes pas là *greyié* d'une vieille picouille
sans pédigré, ni amanché d'habits de ville, hen, oh boy,
que nenni!»

Que va penser ma tendre et douce amie de cœur?
Une famille d'ignares? de retardés mentaux? Avec une
seule exception, moi, le gars du cours classique? Raynald,
Nicole et Reine sont rentrés, attablés au fond du logis
dans la cuisine et font, devant ma mère jouant l'épatée,

le tri des friandises récoltées. Rires et cris sauvages à plus finir. Élyse n'en revient pas de tant d'exubérance. Et ma honte croît davantage encore. Élyse veut aller examiner cette récolte gigantesque de bonbons. Je résiste et lui parle d'aller plutôt nous promener sous les étoiles. La honte.

La porte en avant s'ouvre bruyamment et voilà Marcelle, ma grande sœur, cadette de Lucille, une toujours enjouée, surnommée «l'épivardée» par maman. Son cher Jack l'accompagne. Un ancien *zoot suit*. Un ex-batailleur. «La Marcelle l'a dompté», disent ses anciens camarades de beuveries dans les night-clubs du bas de la ville. Jack Delorme joue le galant et vient embrasser la main d'Élyse. Lui déclare: «Ce sera un mariage double, René et bibi! Ouen, en mai prochain, et on aura nos premiers bébés en même temps! Un seul carrosse, une seule chaise haute, mam'zelle Deslauriers. On va sauver de l'argin, viande à chien!» Il rit gras. «C'est Désaulniers, mon nom», souffle Élyse.

La honte.

Cris de nouveau dans la cuisine puis, Élyse et moi, on entend ma mère, la voix haut perchée, stridente même, qui ordonne: «Bon! Ça va faire là, chenaillez toute l'archibagne. Au lit, pis hourra! École demain matin.» Mon père, venant de sa cave enfumée, surgit comme un *jumping-jack* dans le portique d'en avant, son veston blanc tout taché. Élyse sursaute, il la salue à peine, me lance: «Va vite dire à ta mère que je manque d'oignons et que j'ai besoin de boulettes de viande hachée. Ça urge, les p'tites vues viennent de finir, faque, envoyielle, diguidine, grouille-toé le darrière!»

La honte.

Devant le 551-A, ce soir, une rue Cherrier toute calme, étonnamment silencieuse. Il est tard. Sa mère dort, le salon est dans le noir. Je veux embrasser ma blonde une dernière fois. Je ne sais trop pourquoi, je dis : «Excuse ma famille, c'est du bon monde, tu sais, mais… » Élyse lève la tête et m'embrasse. Très fort.

Ma honte se calme pas mal.

8

L'avenir… c'est quand ?

D'où pouvait bien me venir cette méfiance, comme instinctive, face aux prêtres que je voyais ? Était-ce un besoin d'affirmer une résistance face aux *desiderata* paternels ? Il me rêvait en preux « missionnaire évangéliste ». C'était définitif, pauvre papa rêveur, c'était non ! Non, je n'embrasserais pas la carrière sacerdotale, jamais mon pauvre papa. J'aimais tant les filles. J'aimais tant ma belle Élyse.

Elle était la seule de mes connaissances capable de composer des poèmes. Elle me les montrait bien rarement. Elle était très difficile, me répétait : « Ça ne vaut absolument rien ! » Mais bon, c'était « une fille qui écrivait de la poésie », tout comme moi qui remplissait des carnets de mes élucubrations scripturaires. Écrire nous était un lien très fort.

Le premier professeur à qui j'avais osé montrer de mes œuvres était un laïc, mon professeur en syntaxe, Roland Piquette. Un animateur rare, jamais à court d'enthousiasme, un vrai pédagogue joyeux, pétillant, si brillant en tout, perpétuellement stimulant. Le professeur Piquette, nous répétaient des rhétoriciens, avait été prêtre et même moine cistercien. On chuchotait aussi que Roland Piquette avait épousé, il n'y avait pas longtemps, une bien jolie défroquée des carmélites. Ces potins nous excitaient et certains élèves disaient avoir rencontré ce drôle de couple. Mais comment vérifier ces rumeurs?

Piquette fumait des petits cigares qui dégageaient de bonnes odeurs de tabac doux et sucré. J'avais voulu, ce matin-là, marcher à ses côtés durant une récréation. Au bout du terrain de baseball, il m'avait dit avec son sourire complice habituel: «Comme ça, tu es en amour par-dessus la tête, mon gars? C'est ce qu'on est venu me répéter. C'est bien vrai, ça?» J'avais rougi, j'avais toussé, j'avais craché, j'avais ralenti le pas un peu, Piquette lui, coquin, avait accéléré le sien. Si bien que j'ai dû me précipiter vers lui: «Oh… euh… bien… ah… c'est que oui, en fait oui… Écoutez j'ai rencontré une fille qui aime écrire, comme moi, m'sieur.»

Roland Piquette cessa soudain de marcher et me prit fermement un avant-bras. Il me regarda avec cette bonne figure amicale que j'aimais tant chez lui: «Ça ne va pas bien pour toi, mon vieux. Tu n'es plus un enfant. Amoureux ou pas, Claude, tu es un jeune homme sérieux, je te connais et je t'estime beaucoup. Le père Legault, qui t'aime bien lui aussi, m'a parlé de toi avec grande inquiétude. Tu obtiens des notes… étonnantes. En certaines matières, tu ne frôles pas la catastrophe, mon gars, tu es en plein dedans!» Je me taisais. Je le suivis qui avait repris son pas vigoureux. «On m'a même parlé de renvoi dans ton cas.» J'étais paniqué et, pourtant, je savais bien pour mes notes de misère, en mathématiques surtout. «J'en reviens pas. Quoi? Ils parlent de me renvoyer du collège? C'est bien vrai?» Piquette s'arrêta de nouveau, et me parla les yeux dans les yeux : «Tu ne serais pas le seul à être chassé. À moi, tu le sais, tu peux tout dire. Tu es soupçonné d'avoir mis le feu, vendredi soir dernier, au local de scouts dans la cave du collège.»

Le ciel gris se couvrait de nuages très sombres. Le vent grossissait et des corneilles criaient à tue-tête au loin, dans le boisé. Je me suis remis en marche. Lentement. Piquette me suivait la tête basse, semblait malheureux pour moi. Évidemment, j'avais entendu parler – émoi général lundi matin – de cet incendie chez les bavards, nos délateurs. La Gestapo. «Je sais qui a fait ça, je vous jure pourtant que j'y étais pas!» J'avais entendu les terribles menaces de Ti-Cor Laurence et d'Olivier Gauthier, de Jérôme aussi. Même notre fabuleux acteur surdoué, Roger Reinhardt, avait dit «oui» à cette idée de faire brûler le local des scouts. «M'sieur Piquette, je vous jure que j'étais plus que réticent, j'étais carrément contre cette idée de mettre le feu!» Piquette bifurqua soudain, fila à grandes enjambées vers l'entrée du collège, me disant : «C'est regrettable, mon pauvre ami, mais tu seras mis à la porte avec eux tous. Tu fais partie de la bande. À bientôt!»

Encore ça, du père Legault : «Tu n'es plus un gamin, Claude. Tu es un grand jeune homme, responsable de sa vie, de son avenir. Le collège sert à ça justement : vous faire vieillir, faire de vous tous des jeunes instruits, cultivés et, avant tout, des adultes.» Cela se sentait, il m'aimait bien. Je l'avais vu si souvent rire sous cape, même lors de mes audacieuses farces, moquant le préfet Langis, mes imitations du père «Fernandel», prof de géographie, ou mes facéties sur le lunatique père Filion, si distrait et dangereux au labo de chimie. J'ai vu le père Legault ne pas pouvoir s'empêcher de rire en découvrant mes caricatures qui circulaient. Legault admirait-il ma liberté? Mon audace ou mon innocence? Je ne savais trop. Avait-il été, collégien, un tel trublion? Grâce à lui, j'étais privilégié et libre d'inventer mes bouffonneries. J'appréciais sa complicité, plus ou moins tacite, elle m'avait épargné de graves punitions. Mais là: «C'est terminé, Jasmin! Bouffon, passe encore, mais bouffon avec des notes de misère, terminé! Vous serez jeté à la rue à Noël, c'est très probable!» Legault lisait son bréviaire et marchait de long en large sur la galerie de la façade du collège. Mon protecteur me lâchait. Il ne riait vraiment plus?

Je ne saurai jamais qui furent les incendiaires chez les scouts. Mystère. Un jour, renvoyé de Grasset et inscrit chez Mongeau-Saint-Hilaire, rue Saint-Hubert, Ti-Cor Laurence me dira: «Cherche pas, mon vieux. Les scouts eux-mêmes l'ont fait! Ils savaient qu'il y aurait de la répression!»

À l'époque de ces menaces de renvoi du collège, une fin d'après-midi, un samedi, Élyse passe par la maison. Brève rencontre. Elle a besoin de lingerie et s'en va rue Saint-Hubert. Ma mère lui offre de sa fameuse tarte au *mince-meat*. Mais non, elle n'a pas faim. Maman insiste et dit : «Faut manger plus souvent, ma petite demoiselle Désaulniers. » Élyse refuse net. Maman : «Écoutez, mon enfant, on voit à travers vous ! Vous êtes d'une maigreur inquiétante, Élyse ! » Mon amour se sauve. On se voit ce soir. Danse à l'école Peace Centennial School. Papa, tranche de *pizz* au bec, monte de son caveau enfumé, entend ma mère saluer avec aménité et déférence le départ d'Élyse. Porte refermée, il se moque : «Tu t'écoutes-t-y, ma pauvre Germaine ? Une vraie comédie de t'entendre "perler" en face de cette Élyse. Tu es ridicule, ma vieille, le bec pointu, la langue en entourloupettes. Comme si tu t'adressais à une princesse de sang. Pas vrai, mon gars ? » Oui, c'est vrai, mais je ne dis rien. Ma mère éclate : «Penses-tu que je me force, pauvre niais ? Tu sauras, mon cher p'tit mari, que c'est en ta compagnie que je m'efforce de parler mal, habitant de Laval-des-Rapides ! Moi, tu l'oublies, j'ai étudié chez les Dames de la Congrégation, oui, m'sieur ! Chez les Dames ! Ça fait que moi, je n'ai pas à me forcer pour parler mon français comme du monde. C'est pas ton cas, fils d'habitant-de-chien-blanc ! » Maman rit et s'en va prendre son panier de linge à repriser, s'installe au boudoir. J'en profite : «Dirais-tu, m'man, que c'est Élyse ta préférée de toutes mes blondes ? » Ma mère sort du fil, une aiguille, sa boule de bois qu'elle plonge au fond d'une chaussette trouée et… soupire. J'insiste : «On parle pour parler là, ta préférée, oui ou non ? » Soupire de nouveau. Va ouvrir grand les rideaux. Lumière plus vive dans la pièce. «Il va me falloir des lunettes bientôt, je le crains ! » Elle me regarde, on dirait qu'elle m'examine à chaque fois: «Pourquoi tu sors plus jamais avec cette petite fille qui était si douce, si polie, si gentille, cette Gisèle? Gisèle Légaré qui vient de Saint-Henri?»

Je ne dis rien. Quand je songe à Gisèle, je la revois qui pleure dans mes bras. Gisèle pleurait partout, sans cesse, sans raison précise. C'était trop pesant à la fin. Cette peine mystérieuse, ses lourds secrets jamais révélés. Son mutisme. Un tramway archi-bruyant passe au milieu de la rue Saint-Denis puis éclatent de longs coups de klaxons, encore sans doute l'arrogant docteur Bédard qui enrage à cause des lenteurs du grand Potvin, son homme à tout faire. De très loin, je peux quand même entendre aussi les cris du coq fou dans la cour chez les Mancuso.

Ça y est, ma mère l'ouvre: «Tu veux que je sois franche? Vois-tu, mon garçon, dans la vie, il y a… ce qu'il faut bien nommer "des classes" et, d'après ce que tu m'as confié, cette famille de la rue Cherrier, eh bien, c'est pas de notre monde. On est des gens simples. Oui, mon père a été un gros boucher assez riche, j'ai eu deux frères médecins, je suis allé chez les Dames, tout ça, mais ton Élyse fait partie d'une classe sociale bien à elle!»

Je quitte la pièce; c'est clair, ma mère a jugé, il y a nous, la majorité, nous tous, les habitants des logements alentour, la plupart des commis modestes, des petits employés, des ouvriers d'usines et de manufactures, et il y a ces gens. Ceux qui sont bien nés. Dont ferait partie la mère *Des Aulniers*! Je ne devrais pas m'aventurer dans cette haute société, c'est ça, sans doute! Je rentre dans ma chambre en battant de coups de poing la portière de fausse soie qui la sépare du boudoir. J'allume ma lampe.

Je me jette sur ma chaise, ouvre un manuel. Étudier encore ce bizarre monde des équations mathématiques, tenter de comprendre l'algèbre maudite, la trigonométrie mystérieuse. Je suis bouché. Normal, je viens d'une classe inférieure. Je maudis ma vie. Je maudis mon sort qui me fera éjecter – comme un chien galeux – du si prestigieux collège de la rue Crémazie. En juin, ou peut-être même avant Noël.

Écrire à Élyse, en finir, couper, trancher, lui souhaiter pour l'avenir un beau riche jeune époux. Lui dire... adieu?

9

Parade

C'est fini, les rencontres dans les parcs. Il fait trop froid.
Il nous reste les bibliothèques. Ou les restaurants, mais
je suis le plus souvent «cassé comme un clou». Élyse fuit
sa mère tant qu'elle peut, pas question donc de «faire du
salon» rue Cherrier. Chez moi, c'est une place publique,
on se croirait à la gare, et le salon est toujours pris par
l'aînée de mes sœurs, Lucille, qui parle mariage avec son
cher beau grand René. Ou par Marcelle qui se fiancera
à son sombre et mystérieux «orphelin chéri», le musclé
Jack. Être amoureux et avoir froid : notre destinée, quoi.
Mais je l'aime toujours comme un fou. Élyse, c'est toute
ma vie.

Décembre s'installe. Ce dimanche, on boit du vin
rouge à bon marché dans le petit restau de la *Casa
Italia*, rue Jean-Talon. Élyse rit en parlant. Me dit que
c'est fou ce qui lui a pris. Hier, samedi – j'étais à mon
cours d'histoire au collège –, elle décide soudain de des-
cendre rue Sherbrooke, pour aller regarder défiler «la
parade» du père Noël. Elle me dit que sa mère refuse
ce spectacle : «Une grossière machine commerciale, ma
petite fille!» Chaque début de décembre, enfant, Élyse
en rêvait mais devait se contenter d'écouter à la radio

les tambours, les trompettes et la grosse voix de l'animateur. Et encore, dans sa chambre, sur son petit appareil, en mettant le son très bas. Aux yeux de Mme *Des Aulniers*, une étudiante de Villa-Maria devait éviter ces émissions niaises.

Hier matin, fin de cette interdiction, et la voilà qui va se poster au coin de la rue Saint-Hubert face au boulevard envahi de curieux. «Tu me vois, seule, debout au milieu du trottoir, entre une voiture de frites et une camionnette à hot-dogs?» Je l'embrasse. Une chanson d'amour italienne, une roucoulade classique sort du petit bar de faux acajou de la *Casa*. «L'ambiance de ce coin de rue, les cris, les rires, les airs du temps des fêtes, tout me rendait joyeuse, Claude. Malgré le temps froid, j'étais heureuse, comme retombée en enfance, si contente de regarder défiler lentement ces chars allégoriques. Tous leurs personnages de contes de fées. Ces clowns hilares, grimaçants, qui venaient nous défier. Vite, la tête me tournait. Je crois que, depuis ce satané rhume, je buvais trop du sirop très fort que m'avait conseillé le papa de Ti-Cor Laurence. J'en aimais le goût!»

Un serveur, une sorte de nabot au teint nègre, s'approche. Il nous demande si on veut encore du vin et nous refusons.

«Plus ça défilait, plus la tête me tournait. J'ai eu l'impression bientôt de voir se multiplier les tambours et les clairons, l'impression que ces fanfares des écoles de garçons, vêtus de costumes militaires, fonçaient vers mon coin de rue, venaient comme à ma rencontre, j'ai eu peur et je me suis réfugiée dans une vaste entrée d'immeuble.»

Élyse parle, tout excitée. J'aime tant la voir animée ainsi. Je pense à moi, enfermé toute la matinée au collège, durant son grand plaisir, moi qui étais en classe, aux prises avec ces maudites notions d'histoire de l'Église, de dates à retenir. Je l'imaginais – frites au bec? –, émerveillée par ces tonitruantes et joyeuses musiques, les oriflammes qui battent au vent, les bannières peinturlurées, les personnages de contes. J'imaginais en souriant ma belle Élyse redevenue fillette qui attendait, comme tous les petits enfants sur les trottoirs, ce bonhomme Coca-Cola, ce rougeaud « Santa Clauss » dont elle avait été privée dans son jeune âge.

« Écoute, je n'en revenais pas, à un moment donné, j'aperçois deux très longs dragons chinois qui se tortillent au beau milieu de la rue Sherbrooke, et qui, soudainement, malgré les cris effroyables de la foule, bifurquent pour envahir les trottoirs ; l'un des deux répugnants serpents ose foncer vers mon entrée d'immeuble. Je frissonnais, je tremblais, Claude, je craignais de m'évanouir. Curieusement, leurs écailles multicolores s'ouvrent, et alors, plein d'elfes nains, ailés, s'éjectent de ce long cobra de papier mâché étincelant, ondulant ; au loin, des timbales et des cymbales font vibrer l'air du midi et, à mes oreilles, éclatent ensuite des bruits de gongs orientaux ; tout autour, je vois des bouffons ultra-maquillés avec de longs cors, sur des chevaux de manège, des majorettes aux jupes écourtées qui jouent à pleins poumons sur de longs clairons stridents. M'entourent soudain des angelots frétillants qui vont se répandre dans tous les escaliers des maisons environnantes. Je n'en crois pas mes yeux ! Je distingue aussi peu à peu une sorcière édentée juchée sur un char de flammes, qui menace tout le monde d'un trident et qui est ma mère, oui, mon vieux, Armande *Des Aulniers*! Je me réfugie aussitôt au fond du porche, j'avais très peur maintenant, Claude. Ce sirop, je ne le savais pas, était donc une drogue dangereuse, mais est-ce que j'étais vraiment victime du remède? Autour de moi, des enfants criaient de frayeur et je voyais des parents déboussolés qui protestaient, je vis surgir alors des brigadiers, les bras bandés de sigles du magasin Eaton's, qui s'efforçaient de calmer un début d'émeute, de contenir, de calmer les visiteurs. Au loin, très loin, au-delà du parc La Fontaine, dans le ciel de ce samedi brumeux, j'apercevais, grimpé sur son char de parade, ce bon vieux papa Noël qui agitait ses bras de velours écarlate et d'hermine immaculée et, oui, à mon âge, j'avais hâte de le voir. Mais est-ce que je rêvais, voilà qu'un éléphant gigantesque se montrait entouré de fauves de guenilles, et sur sa trompe, il y avait un tas d'oies blanches, et, accrochés à ses immenses oreilles, des sortes de lutins bleu et jaune, crois-moi, crois-moi pas, je vois ensuite quatre manipulateurs mal camouflés dans ses quatre grosses pattes, c'était toi, Claude, oui, toi qui rigoles, qui me souris, et dans l'autre jambe, Ti-Cor Laurence, vous me faites de laides grimaces, et dans les pattes d'en arrière, tes autres amis du collège, Gauthier et Cadotte me faisant des petits saluts. Puis je me suis sentie très mal quand la bête est montée sur mon trottoir, je savais bien que j'étais droguée sans doute par ce maudit sirop que j'ingurgitais depuis plusieurs jours avec délice... Dans l'immeuble, une porte s'ouvre et un géant barbu, vêtu d'une sorte de pelisse de chat sauvage, veut m'agripper pour me faire entrer dans son logis, je crie, je me débats, j'ai peur, je veux m'enfuir quand m'apparaît tante Annie, la bonne Annie, je me jette dans ses bras en pleurant et je m'évanouis... Je me suis réveillée chez moi, dans ma chambre, rue Cherrier, encore tout étourdie. J'entendais Annie qui répétait doucement à ma mère démontée : "Je crois qu'elle a dû avaler des frites empoisonnées, je vois pas autre chose, Armande." »

On sort de la *Casa Italia*, on marche vers Saint-Denis, vers le tramway. Je ne dis plus rien. Son récit m'a ébranlé, ces vilains tableaux rue Sherbrooke, ce défilé qui tourne au cauchemar cruel. Élyse rit dans le tram : « Le pire ? C'est que cette fois encore, je n'ai pas pu voir le père Noël ! »

10

Dans une étable

Congé du temps des fêtes très bienvenu. Mon lourd sac plein de manuels jeté sous l'étroit pupitre de ma chambre. Hélas, Élyse et sa mère iront passer ces fêtes de fin d'année loin, chez des parents près de Trois-Rivières. Nous serons séparés et j'en souffre. Elles partiront par le train du Canadian Pacific mercredi matin, veille de Noël. Le lundi soir, chez moi, j'emmène Élyse au hangar dans la cour où je me suis fait une sorte d'atelier de peintre. On s'est embrassés à pleine bouche. Érections permanentes qui m'embarrassent. Élyse a bien vu et elle sourit de malice. Ah oui, je l'avalerais tout rond, tant je l'aime!

En ce moment, par la fenêtre du salon, Élyse et moi regardons tomber une neige folle à plein ciel. Bien jolis à voir, tous ces flocons, gros papillons immaculés, si légers dans la lumière jaune des réverbères de ma rue Saint-Denis. On est comme dans une immense boule de verre, on en rit. La radio passe et repasse l'habituelle litanie de chansons archiconnues. Élyse, qui m'aide à vider les boîtes de fragiles boules, de glaçons et autres décorations du sapin, fredonne en accompagnant une chorale d'enfants de la Vieille Capitale, « Dans cette étable, que Jésus est charmant... »

Ma mère a surgi au salon un peu plus tôt pour mieux entendre sa chère – et mélodramatique – Marie Dubas. Avec des larmes mal retenues, la Dubas récitait *La Charlotte prie Notre-Dame* de Rictus. On ricanait dans son dos.

Nous nous efforçons d'être ensemble le plus possible avant ce cruel départ, mais Élyse n'aime pas trop venir chez moi. Elle me dit : «Tout ce monde chez vous, ça grouille sans cesse. On se bardasse, on se tiraille, ton petit frère, Raynald-le-fringant et toutes tes sœurs, et il y a ta mère si entreprenante, qui cherche toujours à m'éprouver on dirait, je suis mal à l'aise. Elle sait que je suis timide, et son plaisir, c'est de me tirer les vers du nez, de me questionner sur ma famille, nos habitudes de vie, ce qu'on va faire au juste chez mon oncle à Noël et au jour de l'An, ce qu'on va manger, ce qu'on va porter comme linge. Tout. »

J'installe l'étoile luisante au faîte du sapin. À genoux, Élyse pose du papier rocher sur des boîtes à souliers au pied de l'arbre. On est en Palestine. «Je ne sais plus où me mettre parfois, le sais-tu, ça ? Ça me fait peur, moi, tous ces bavardages, ce perpétuel brouhaha chez vous, les visites de vos voisines italiennes, ta mère qui fait goûter ses beignets garnis de sucre en poudre, ta mère, femme débordée et si accueillante pour tous, moi, la sauvageonne, ça me fait comme peur, elle veut tout le temps me présenter, et ça me tue, elle ne se rend donc pas compte ? Elle veut me mêler à tout son monde, elle veut pas mal faire, mais me répète "Faut que tu te dégourdisses, ma petite fille, on ne se prend pas pour d'autres, ici, on est des gens simples". Je le vois bien, mais je n'arrive pas à avoir votre aisance, votre ouverture, vos belles façons, elle m'invite à jaser avec tout son monde, j'en deviens folle, moi, je viens d'un milieu si froid, si discret, si retenu, tu le sais ça?»

On achève d'installer la crèche. Repos. Pause. Chacun à un bout du long *chesterfield* vert bouteille, nous buvons du jus de raisin.

Élyse parle beaucoup aujourd'hui : «Nous, on est du monde réservé, comme répète toujours ma snobinarde de mère. Moi, parler à cœur ouvert, voir éclater en larmes comme tantôt votre voisine malade, Mme Diodatti, ça m'effraie. Les confidences à des inconnus, non, pas capable, je n'ai pas l'habitude. Ma mère ne reçoit presque personne. Je n'ai pas vos moyens de monde normal pour bavarder, sais-tu bien ça, Claude? Je ne suis pas... invitante, je me sens comme un mur de ciment parmi vous, un placard fermé et je n'aime pas ça. Je vous envie, j'aimerais donc ça être comme vous autres, faire partie d'une famille chaleureuse, ouverte à tout le monde; je n'aime pas ce que je suis, faut que tu le saches, je ne suis pas folle, je me rends compte que l'on ne se confie pas à moi. Jamais. Au couvent, je reste dans mon coin, Pierrette te le confirmerait. Tes amis, toute ta bande, crois-tu que je ne m'en aperçois pas? ils doivent se questionner sur notre couple. Ils doivent juger que je "fitte" pas pantoute avec toi, le joyeux drille, le sempiternel bavard, le drôle. Ta gang, tu me diras pas, doit me trouver plate, terne, une sorte de fantôme, une muette ma foi, une fille ennuyeuse.»

Les divers personnages de plâtre coloré ont été placés, et je suis ému. J'aime les belles légendes. Si c'était vrai, cette histoire de Noël? Depuis un an ou deux, ma foi catholique chancelle de plus en plus. Mon ultramontain de père en serait bouleversé s'il l'apprenait. L'été, finie la messe obligatoire du collège, alors je n'y vais plus du tout. Je me réfugie trois quarts d'heure au restaurant en face de notre église, rue De Castelnau. J'ai quatre petits moutons dans les mains. Où vais-je les mettre?

« Des fois, je me demande pourquoi tu sors avec moi, Claude. Qu'est-ce que tu peux me trouver? Je me sens si mal dégourdie, niaise et peureuse, une fille embarrée, quoi. Je réalise, tu sais, qu'on ne vient jamais vers moi, c'est moi qui vais aux autres, toujours. Je constate que personne n'a le goût de s'approcher de moi. Je suis consciente que je reste la fille solitaire, la fille verrouillée. À part et qui ne dit rien, qui ne se prononce pas sur rien, par prudence, celle à qui on ne parle pas trop, et ça me fait mal, tu sais. Très mal. Au fond de moi, je voudrais être le contraire de ce que je suis. Pas ma faute si je suis née comme ça, pas vrai? Et puis, j'ai été élevée en me taisant, en me tassant, en me faisant oublier, en essayant d'être comme invisible, selon les vœux de ma mère qui règne au 551-A rue Cherrier. Maman, elle, a besoin de briller, de se venger de sa pauvre vie, de sa jeunesse ratée avec cet homme fourbe, décevant, qu'elle a eu tort d'épouser. Son mari sans ambition qui buvait, qui jouait à la Bourse, qui allait aux courses à Blue Bonnets; ce papa rigolard et lourdaud dont je me souviens à peine, je m'en ennuie pourtant. Il y a que j'ai déçu cette "maman-tête-enflée". Ça me tue. Cette mère si fière de sa grandiose légende familiale, celle des nobles *Des Aulniers* qu'elle a imaginée. »

Je l'emmène dans ma chambre et, aussitôt, son bateau de balsa à la main, Raynald se sauve. En ricanant. Je voulais faire lire à Élyse un poème que je destine au journal du collège. Elle m'embrasse et je frissonne. Soudain, retour de Raynald qui fonce dans la porte : « Oh, pardon les amoureux, j'ai oublié mon pot de colle ! » Il le cherche partout, petit vacarme. Nous retournons au salon. Vite, finir de placer les bêtes de la crèche. Mon père, revenant de livrer une commande, passe dans le couloir, les deux bras chargés de bouteilles vides. On le voit filer, avec sa grosse casquette pleine de neige, par les deux portes vitrées où il y a des cygnes et des herbes hautes finement ciselés.

Élyse n'arrête plus : « Moi, la rentrée, la pudibonde, sans toi, je me sentirais moins que rien. Tu m'as sauvée. Je ne comprendrai jamais pourquoi tu m'aimes. Dès notre première rencontre, tu m'as aimée, caressée, embrassée, tu as même crié, un soir de neige comme celui-ci, que tu m'admirais. Tu m'as changée pas mal, c'était la première fois que quelqu'un me remarquait, mais, je n'ai pas encore compris au juste pourquoi. »

C'est fou, mais j'aime toujours ces décorations, je suis fou des jeux de lumière. Même grand et plus vieux, j'aime encore choisir le bon endroit pour le petit Jésus, Marie sa mère, Joseph le barbu, les bergers, leurs moutons, l'âne et le bœuf et les imposants rois mages. J'explique maintenant à Élyse que, longtemps, papa a interdit le sapin illuminé, sa grande peur des incendies. « Pas de ça chez nous.» Notre peine, enfants! Papa n'aimait que sa belle crèche très détaillée, qui garnissait tout le bas de la grande fenêtre du salon. À quinze ans, ma révolte quand maman reçoit un tas de boîtes de lumières, de boules, héritage d'une vieille tante, Maria, tombée gravement malade. J'ai réclamé à grands cris alors, j'avais quinze ans, qu'on puisse «être comme tout le monde», avec un beau sapin décoré et illuminé. Ce besoin qu'on a, de grégarité. Mon père a fini par céder et même par me confier la mission de garnir un sapin avec ces lumières si «dangereuses». Certes, il n'était pas content.

La porte intérieure du portique s'ouvre grande et c'est ma mère, tout enneigée, se secouant comme un jeune chien. Elle revient de ses courses. J'éprouve encore une certaine honte de la voir, hélas, avec son ridicule foulard de gitane sur la tête, son trop long manteau de drap noir usé, ses vieilles bottes à la fourrure effilochée. L'air d'une pauvresse, de sa chère *Charlotte prie Notre-Dame*. Ma mère pose ses sacs à ses pieds, nous aperçoit, et s'amène au salon en souriant. Elle nous félicite pour la crèche. «Je vois bien la touche féminine de notre petite Élyse, bravo!» Elle part pour sa cuisine, son royaume, nous dit qu'elle va nous rapporter des beignets. «Que veux-tu, Élyse, c'est ma mère-la-collante!»

J'avoue à ma belle adorée que je suis ému encore par ces personnages légendaires de Bethléem: «Fou, hein? Je suis resté bébé, non, candide, trop naïf?» Élyse se rapproche, me sourit, me saute au cou, m'embrasse vitement: «Moi aussi, je redeviens une enfant au temps des fêtes!» Quand je lui demande si le sapin était de rigueur chez elle: «Tu vas pas me croire. Chaque année, un peu

74

avant le 25, maman va fouiner dans la ruelle en arrière et ramasse une base de sapin qu'on a coupé. Elle rentre cette espèce de souche au salon et puis elle y pose un tas de glaçons, une guirlande de papier crêpe, y suspend quelques boules, un jeu de lumières. Ça me fait honte chaque année. Si je pouvais, j'irais acheter un vrai sapin au marché Amherst. »

Elle ajoutera que lorsqu'elle était plus jeune, avec sa mère veuve, elles allaient fêter Noël chez un oncle. Un vieux veuf riche, un Désaulniers d'Outremont. « Il y avait là, chaque année, la grande messe de minuit, rue Laurier, à Saint-Viateur, puis un réveillon fastueux. C'est fini depuis deux ans, depuis que l'oncle riche est mort. »

Lucille, ma sœur aînée, les cheveux remplis de bigoudis, s'amène. Elle nous félicite pour la crèche, la bouche pleine de gâteau au miel, délice de papa. Lucille en offre à Élyse : « Mon frère te l'a dit, je suppose, je me fiance très bientôt, oui, le jour des Rois » et elle nous décrit ses cadeaux de fiançailles déjà reçus. Élyse l'écoute sérieusement, silencieuse comme toujours. Lucille va s'asseoir sur le canapé et, curieusement, lui confie qu'elle a un peu peur du mariage, qu'elle craint de regretter la chaleur du foyer : « Élyse, j'ai peur de trop m'ennuyer de maman, de papa, de mes sœurs ! » Élyse n'en revient pas de voir couler des larmes sur les joues de ma « deuxième mère ». Lucille se secoue, renifle, sort un mouchoir de son tablier : « Élyse, tu n'aurais pas un peu peur toi aussi ? » Élyse est très mal à l'aise, me regarde sans cesse, ne dit rien, se contente de sourire. « Je sais, Élyse, que c'est bébé, j'ai vingt-deux ans après tout. » Élyse ne sourit plus. « Tu sais, mon René, c'est un bon gars, mais il a ses manières, il vient d'un milieu plutôt dur. Parfois, il veut me faire plaisir, me montrer qu'il m'aime beaucoup, mais il me fait mal. Il est très fougueux. C'est un ouvrier d'usine. Il travaille à la Canadair. Oui, il est pas mal "roffe and toffe". » Élyse, nerveuse, marche vite vers la fenêtre. Ma grande sœur la rejoint, ouvre grand les rideaux : « Sais-tu, Élyse, que ton chum, ben je lui servais de "deuxième mère", à lui comme aux autres. Quand ma mère a eu la benjamine, elle m'a fait quitter mon job de midinette, que j'aimais bien, rue Molière. Elle m'a gardée, disons le mot, comme servante. Logée et nourrie, mais pas de salaire. J'aime les enfants et c'est vrai que je suis devenue la mère numéro deux ! » Elle rit. « Tu aurais accepté ça, Élyse ? Moi, j'ai dit oui à ma mère, tout de suite. » Lucille éclate de rire et raconte : « Maman appelait toujours ton cavalier "mon plus vieux", alors nous l'avons surnommé Pluvieux, et ça l'enrageait, il t'a dit ça ? Plus jeune, les gars de sa bande l'appelaient Papamadi, j'ai jamais su pourquoi. Mais t'as pas répondu, le mariage, ça te ferait peur à toi aussi ? »

Élyse ne sait plus où se mettre quand Marcelle, mon aînée de deux ans, fait son entrée et la complimente pour sa jolie robe fleurie. Élyse la remercie en rougissant pendant que Marcelle continue : « Il y a pas que la Lucille qui va se marier l'an prochain, il y a moi. Mon tour est arrivé à moi aussi de quitter le cher petit nid bien chaud de la rue Saint-Denis. Élyse, si tu restes ici ce soir, je te présenterai mon fiancé, mon beau Jack. Tout le monde l'appelle Jack-Valentino. C'est mon Don Juan, Jacques Delorme, il travaille dans la fourrure mais il veut s'organiser un commerce d'huile à chauffage. Il a son petit camion déjà et dit avoir de bons contacts dans ce domaine. »

Élyse, étonnée de tant de confidences, écoute la bouche ouverte. Je l'ouvre moi aussi : « Impossible, Marcelle, on a un rendez-vous chez Pierrette Bélanger ce soir. » Aussitôt, l'épivardée de la famille, la folle de danse, Marcelle : « Comment elle va, la petite dévergondée de Pointe-Calumet, toujours aussi pimbêche, la snob du docteur ? » Élyse ose timidement : « Ah non, je la trouve pas snob, moi. » Marcelle tire Élyse, la force à s'asseoir près d'elle : « C'est la Bélanger qui nous a enseigné, à Claude et à moi, le jitterbug, le boogie-woogie. La fière fille d'une infirmière savante, d'un médecin bien coté : fallait pas l'oublier, Pierrette ne cessait pas de se vanter, de vouloir nous déniaiser sur les choses du sexe, mais j'étais pas une nounoune quand même, des gars, j'en ai fait tomber, un pis un autre. Demande à Claude, ton chum, je pognais rare ! Des gars, j'en avais tant que je voulais aux salles de danse de la Pointe. Aimes-tu autant la danse que mon frère ? Sais-tu qu'il passait ses soirées à *La Rotonde*, ou à la salle *Normandie*, ou encore chez *Deauville*. Il te l'a dit ça, il t'a parlé de son inséparable, la belle noiraude, Micheline ? »

J'ai pris Élyse par le bras et l'ai vite entraînée dans le couloir : « Excusez-nous, faut qu'on y aille, nous deux. Salut, les futures jeunes mariées ! »

11

Ma mère qui se «poffe»

Un après-midi, le jeudi, donc en congé du collège des maudits «suppliciens», alors qu'étendu sur le *chesterfield* du salon je tente de mémoriser des vers de Corneille, *Le Cid*, qui sonne à notre porte? Avec son sourire de jocrisse, elle, la *mother* d'Élyse! «Bonjour, jeune homme, j'étais dans les parages, j'aimerais faire la connaissance de ta maman. Elle est là, oui?» Je la fais entrer. Elle enlève d'abord ses bottillons de fourrure, puis je l'invite à suspendre son manteau de mouton rasé à une patère dans ce que l'on nomme «le passage».

Ma mère sort de sa cuisine et je lui présente ma très chère future belle-mère: «C'est la mère d'Élyse, maman!» Embarrassée, maman s'essuie les mains sur son tablier puis l'enlève d'un geste: «Si j'avais su...» Armande place et replace son chapeau: «Je m'excuse de cette intrusion dans votre vie privée, je resterai cinq minutes, pas plus. Je devais aller dans un magasin de votre cocasse rue Saint-Hubert.» Ma mère qui l'invite à passer au salon: «Vous allez excuser le désordre, j'allais faire le ménage! Vous êtes la bienvenue, entrez vous asseoir.» Je les suis, mais je sens qu'Armande voudrait être seule avec ma mère. Je m'installe quand même dans un fauteuil près du vieux piano droit. «Je suis contente de vous rencontrer et je vais y aller franchement. En premier lieu, vous dire que je crains de voir votre garçon me comprendre tout de travers.» Maman se fige et écarquille les yeux: «Mon Dieu, à quel sujet? – Au sujet de la distance qui sépare nos deux familles. J'ai des devoirs, une grave responsabilité, je dois veiller à l'avenir de ma fille unique. Vous, vous allez saisir cela, une mère, n'est-ce pas?» Il y a un long silence et puis les propos inattendus de ma mère: «Savez-vous que mon fils pourrait bien quitter le Canada et aller vivre à Paris, en France?» Armande, surprise, me regarde. En lui souriant, je proteste de la main.

Ma mère continue: «Eh oui, chère madame, j'ai une parente à Paris qui est la marraine de Claude. Une veuve distinguée, Corinne Sénécal. Elle a un appartement là-bas, avenue Kléber, un quartier chic! Elle estime beaucoup Claude. Ils s'écrivent régulièrement.» Maman ne dit pas qu'elle me force à cette correspondance chaque fin d'année. «Mon Claude irait à l'université de la Sorbonne.»

Mme *Des Aulniers* se tait un long moment, puis: «Mais vous savez certainement que, dans un couple, s'il y a une trop grande différence, disons de classe sociale, il ne peut pas y avoir d'harmonie.» Ma mère se lève et va s'asseoir à ses côtés sur le divan: «Madame, un de mes frères est un médecin qui a épousé une fille du peuple, une Irlandaise, une fille d'ouvrier très simple, et ils sont très heureux en ménage.»

Silence de nouveau. Maman va déplisser un rideau, puis appelle à voix forte: «Lucille? Veux-tu, s'il te plaît, venir nous servir de la liqueur ? » Armande : « C'est bien ce fameux Tino Rossi et ses roucoulades sirupeuses que j'entends à votre radio, non ? » Silence. Malaise. Maman crie presque : « Il y a une grosse bouteille de Kik dans l'armoire à droite. »

À son arrivée avec un plateau de tôle peinte et trois verres, ma grande sœur, « la servante », fait une sotte révérence qui m'enrage. Elle nous sert et ma mère continue de se « poffer », la voilà qui parle de plus en plus « à la française » maintenant : « Mon papa tenait la seule grande boucherie de Pointe-Saint-Charles, il y était indispensable, madame. Plus tard, enrichi, mon papa deviendra un important agent immobilier. Déménagés rue Hutchison, notre vie a changé et on m'a envoyé étudier au couvent des Dames de la Congrégation. » Silence. Ma mère ne dit pas qu'elle est allée au couvent de la rue Fullum, une succursale des Dames ouverte pour les gens du populo.

Armande ne touche pas à son verre de cola Kik et ne lâche pas son propos. Elle me regarde en parlant à ma mère : « Mon Élyse, je la destine à un avenir digne de notre rang, et votre charmant garçon, qui est très bien élevé, je vous en félicite, madame, devra comprendre tôt ou tard qu'il vit un petit flirt bénin, sans conséquence. Un jour, il se trouvera une gentille fille de sa classe. » Maman, la mine sombre, s'est encore levée pour mieux fermer les rideaux fleuris qui nous séparent de sa chambre. Je bois. J'enrage. Je cache de ma main la trame usée de l'un des bras de mon fauteuil. Ma mère s'installe maintenant au tabouret de son piano : « Ma passion chez les Dames était le piano. J'en joue encore chaque dimanche matin au retour de la messe, savez-vous ? »

Perfide, Armande: «Et votre mari, de quel milieu social vient-il?» Ma mère en a la bouche ouverte et joue avec son jonc. «Édouard, orphelin, a vécu chez les Prud'homme, des agriculteurs de Laval-des-Rapides. Il a fait des études classiques au Collège de Montréal et puis à celui de Sainte-Thérèse. Je peux vous annoncer que les grands marchés de M. Sam Steinberg viennent d'acheter, d'avance hein? toutes les récoltes des oncles Prud'homme. C'est vous dire que la qualité est reconnue!»

Silence. Maman n'a pas dit que mon père a échoué à dix-sept ans en classe de versification et que sa mère, la veuve en moyens, lui a ouvert, lorsqu'il a eu dix-huit ans, un petit magasin de thés et d'importations chinoises. Soudain, retournant au *chesterfield* râpé un peu partout: «Préféreriez-vous boire du thé? On en a du bon, je peux appeler ma fille?» Armande se lève et se rassoit lentement. «Non, non, je dois m'en aller. Je reçois ce soir des gens importants.» Ma mère reprend ses vantardises et j'en suis humilié: «Mon mariage a eu lieu en grande pompe à l'église Sainte-Madeleine d'Outremont...», mais Armande ne l'écoute pas et l'interrompt: «Claude, votre garçon, vous a-t-il dit que nous avons dans notre arbre généalogique un seigneur? Mais oui, le célèbre seigneur de Sainte-Anne-de-Yamachiche?» Maman fait un signe négatif de la tête: «Non. Il ne parle pas beaucoup, vous connaissez les jeunes d'aujourd'hui. Votre fille vous raconte-t-elle tout?» Mme *Des Aulniers* ferme les yeux, soupire et baisse la tête.

Et voilà ma mère qui ne se démonte pas: «Maria, ma sœur aînée, est la riche veuve d'un Leclerc. Oui, de la célèbre firme de courtiers Leclerc et Leclerc. Eh bien, il y avait là un Désaulniers, Gontran il me semble, il était fou amoureux de Maria. Était-il un parent à vous par hasard ? » Comme sourde, Armande ne répond pas et avale quelques gouttes de cola. Elle grimace. Ma pauvre mère en profite et bavarde de plus belle.

« La seule chose qui me tracasse un peu avec votre belle Élyse, je suis franche, c'est que ces amours-là nuisent aux études de mon gars. Il n'a pas de bonnes notes à son collège, oui, il est trop entiché de votre gamine. Je sais bien que des études classiques, bien, ça doit pas être facile. Mais en grec, il est très fort, son professeur me l'a dit à la dernière partie de cartes avec les parents. Claude doit tenir ça de son oncle, le frère de mon mari. Imaginez-vous, chère madame Désaulniers, que là-bas, dans sa mission en Chine, l'oncle Ernest travaille à rien de moins qu'un dictionnaire chinois-français. »

Armande est debout, tire sur sa jupe, se recoiffe d'une main : « Bon, j'y vais, moi. Si vous pouvez m'aider – elle me jette de brefs coups d'œil agressifs – je voudrais présenter à votre grand garçon, mais il ne veut rien entendre, une petite Gaspésienne qui travaille au bureau d'un gros avocat, juste en face de chez moi. Cette mignonne est une soie, réservée et polie. Elle m'aide pour le ménage parfois. » Cette fois, je n'en peux plus et, les dents serrées, je lui crache : « Vous perdez votre temps, j'ai Élyse et je l'aime. »

Maman suit maintenant la visiteuse vers le passage pour l'aider à mettre son manteau de mouton. Elle dit : « Claude aussi sera avocat un jour. Il est clair depuis longtemps qu'il ne fera pas prêtre comme mon mari en rêvait. Il aime trop les filles. » Maman rit : « À treize ans, il était amoureux fou d'une fillette de son âge, la petite Carrière! À une Saint-Valentin, avec son argent de servant de messe, il lui avait acheté une boîte de chocolats chez Laura Secord! Imaginez-vous ma colère? Je l'avais forcé à rapporter son cadeau au magasin.» Elle rit encore, mais Armande, sérieuse comme un pape, pliée en deux pour chausser ses bottes, hausse le ton: «J'espère fortement, chère madame, que vous réussirez à le raisonner, car ils ne vont pas du tout ensemble.»

Et elle sort.

Ma mère a remis son tablier, aide Lucille à placer les huit couverts sur la table de la cuisine. «Maman, avais-tu besoin de te vanter comme ça?» Elle me regarde un moment puis, d'une voix étrangement douce, me prenant un poignet: «Veux-tu un bon conseil, mon p'tit gars, quitte cette Élyse. C'est des gens qui pètent plus haut que le trou!»

Il y a de la bonne choucroute, je m'attable, c'est mon plat préféré.

12

La Sainte Famille

Dans ma chambre, Élyse et moi, on s'embrasse goulûment et, soudain, la porte s'ouvre avec fracas, me frappe dans le dos. C'est la farouche «gardienne de toutes les vertus», ma mère en courroux, les cheveux dans le visage : «Ouste, ouste! Sortez d'ici, vous deux! Voulez-vous, s'il vous plaît, éviter de vous tenir dans cette chambre avec la porte fermée? Vous scandalisez mes plus jeunes, c'est pas la place d'un couple de votre âge. Allez-vous comprendre ça un jour? Ça me choque, ça! Voir si ça a du bon sens!»

Élyse, rougissante de honte : «Madame Jasmin, pensez pas à mal, il voulait juste me montrer sa collection de timbres.» Je dis : «Aussi une carte de la Grèce antique!» Ma puritaine de mère enchaîne : «Tais-toi et allez au salon, comme font tes deux grandes sœurs, si tu veux bécoter et minoucher. Bien compris?» Ma mère dans sa robe de ménage tout usée, son vieux fichu graisseux sur la tête, fait mine d'épousseter la commode, de ranger du linge qui traînait sur le lit, elle grogne, a pris ses gros méchants yeux. J'ai une mère scrupuleuse à l'excès.

On file vers le salon quand le beau Jack, fiancé de Marcelle, surgit dans le passage : «Ah toi, le grand barbouilleur! Tu m'as fait rire quand ta sœur m'a montré ta murale peinte au-dessus de ton lit!» Oui, j'ai décoré à la gouache tout le mur d'une Sainte Famille. Avec un saint Joseph aux énormes pieds palmés, grenouille géante, nu et muni d'une longue barbe rousse jusqu'aux genoux. Le dessin de sa femme, la sainte Vierge, comme une dame pleine de bourrelets, les bras en l'air, les yeux crochus et avec une cerise à la place de la bouche. Le petit Jésus, lui, en forme d'un maigre et long épi de maïs d'un jaune criard et enveloppé d'un drapeau fleurdelisé, gît sur un traîneau à neige.

Papa, hier, apercevant mon ouvrage d'art moderne, a crié d'horreur et manqué faire une syncope. Furieux, il m'a sommé de repeindre le mur. J'ai promis, mais je devais partir pour le collège. Je riais.

Surprenante invitation de mon père à Élyse : il veut lui offrir, ainsi qu'à moi, son démoniaque de fils, un sundae tout garni. Élyse a accepté en battant des mains et nous sommes descendus au restaurant par l'étroit escalier au bout de la cuisine. Installés à l'une des dix petites tables de sa gargote, on écoute mon père qui se vante : «Mam'zelle Élyse, voici mon sorbet de luxe, le plus cher. Avec crème glacée trois couleurs, caramel, chocolat, et beaucoup de marshmallows, plus la cerise sur le top!» Il rit.

Élyse, toute heureuse, remercie et y plonge sa cuillère quand mon père allume sa pipe. Palabre. «Ma petite fille, vous allez comprendre ma colère contre sa fresque de fou. Orphelin de père à cinq ans, j'ai été élevé sur une ferme de façon très sévère, par une mère ultra-pieuse. Une femme qui donnait souvent de l'argent pour acheter des pierres pour l'oratoire Saint-Joseph, son saint favori. Comprenez-vous mon horreur des sacrilèges? De cette murale?»

Il gaspille un tas d'allumettes pour rallumer sa pipe. «Ma pieuse mère aurait bien voulu que je fasse un prêtre, tout comme son aîné, Ernest, mon frère qui vit en Chine. Jeune, au parc Laval comme ça s'appelait dans mon temps, je devais aller à la messe tous les matins, à la chapelle de la Maison Laurette, voisine de notre ferme. Une sorte de couvent pénitencier pour les filles de mauvaise vie. J'y servais la messe et j'étais très pieux, je l'avoue. J'ai regretté d'avoir choisi le mariage, oui, j'aurais été heureux dans un monastère. C'était ma vraie vocation. Être moine. Jeune marié, je suis entré dans le Tiers Ordre et j'y porte la soutane avec le gros chapelet et le scapulaire à la taille. Mon grand bonheur quand, chaque mois, je vais rue Dorchester à la grande chapelle des franciscains. J'y allais avec mon garçon quand il était plus jeune. Tu lui en as parlé, Claude?» Je fais un signe de tête négatif et Élyse me regarde, étonnée, mal à l'aise.

Un lourd silence s'installe. «Il est bon hein? C'est mon super-sundae.» Élyse acquiesce vivement. «Tenez, voulez-vous que je vous dise, en voyage de noces, en croisière au Saguenay, j'ai eu envie de me jeter à l'eau, dans le Saint-Laurent!» Cette fois, Élyse s'agite sur son banc. «La maman à Claude est une femme beaucoup plus vieille que moi. Elle m'avait comme entourloupé, ma foi. J'avais pas vingt ans et j'ai été faible. C'est la vie, comme on dit. On a tous des secrets. Des regrets. Pas vrai?»

Stupéfaite par cette révélation, Élyse a repoussé sa crème glacée : « C'est trop riche pour moi, j'ai l'estomac fragile. » Elle se lève, me prend le bras : « Faut y aller, on doit aider Pierrette qui aménage sa nouvelle chambre, excusez-nous. » On grimpe à l'étage par l'escalier intérieur. J'aperçois ma mère dans la chambre de Lucille, assise sur le lit et qui pleurniche. J'entre pour l'écouter se plaindre encore : « Oh, mon petit gars, va falloir que ton père s'ouvre les yeux. On n'arrive plus à joindre les deux bouts. » Élyse restée devant la porte ouverte : « Il me semble entendre ma mère. Elle dit la même chose très souvent ces derniers temps. Elle va me sortir de Villa-Maria pour m'envoyer dans un couvent moins cher de la rue Rachel. » Ma mère aussitôt : « Vraiment ? Bizarre ça, je la croyais à l'aise financièrement, elle a si fière allure, elle est si hautaine même. » Élyse vient s'asseoir sur le lit : « Ma mère est beaucoup trop fière, mais pas plus tard qu'hier, elle m'a dit : "À mon âge… ta mère va être obligée d'aller travailler dans un bureau, n'importe où !" »

Un silence. Ma mère sort pour aller allumer sa cuisinière au gaz : « Je demande sans cesse à mon mari d'aller travailler à l'extérieur. Il m'écoute pas. Son mautadit commerce, ça marche pas du tout. » Elle soupire, sort une grosse soupière. « Je vais sortir Marielle de l'école et elle ira travailler dans une manufacture à son tour. Mes deux filles mariées bientôt et parties, j'ai décidé de louer notre chambre en avant. Ça me fera un petit revenu. » Elle sort son reste de rosbif du dimanche et je dis : « Tu feras pas ça, m'man ! Pour une fois qu'on allait avoir un peu plus d'espace, es-tu sérieuse ? » Elle hausse la voix :

«Prends garde, ma petite Élyse, ce garçon est un rêveur, un poète, il voit pas les réalités de la vie.»

Papa monte pour manger, il le fera très vite comme toujours, appréhendant sans cesse la sonnerie de la porte de sa gargote. Mâchouillant, il déclare : «Je suis allé avertir notre locataire du deuxième, Mme Bégin. Ses trois petits garçons étaient là et elle a été toute démontée. Elle s'est mise à pleurer quand je lui ai dit que notre Lucille occupera son logis. Qu'ils devront s'en aller dès le premier mai.» La cloche du magasin se fait entendre et il part en disant : «Je te l'dis, Mémaine, j'étais pas gros dans mes culottes. Pas facile de devoir mettre à la porte les pauvres gens.»

Samedi soir au bistro de la *Casa Italia*, Élyse et moi mangions de la *pizz* très tomatée en vidant tranquillement un petit carafon de vin rouge. Au piano, un gros bonhomme à la voix de stentor s'époumone : «Aïlle Maria! Aïlle Maria!» Qui voit-on dans un recoin sombre, toute seule? Ma sœur Marcelle. Nous allons à sa table. Elle a les yeux mouillés de larmes : «Je reviens de la pharmacie Besner. Catastrophe, je suis tombée enceinte. Je porte un bébé de trois mois, sainte miséricorde! Maman va vouloir me tuer! Il faut que j'aille au mariage le plus vite possible. Avant Lucille même!»

Élyse me regarde, toute troublée, ne sachant pas quoi lui dire. «Aïlle Maria, aïlle Maria!», gueule de plus en plus fort le faux ténor de la place, et Marcelle éclate en sanglots. Elle hoquette et marmonne : «Tantôt j'ai téléphoné de la cabine à mon cher Jack, l'imprudent. Il en revenait pas, il a dit: "Ces maudites capotes importées des Indes, de la schnoutte, sacrament!" Oh, Claude, comment annoncer ça à maman?»

En reconduisant Élyse jusqu'à sa rue Cherrier, dans le tramway vide, j'ai dit: «Mon amour, vois-tu pourquoi je préfère qu'on se retienne des grandes privautés?» Elle m'a embrassé très fort. Arrivés chez elle, on constate que sa mère a encore bu pas mal trop. Élyse se mord les lèvres. Sa honte. Armande *Des Aulniers* se cogne aux meubles puis s'accroche au chambranle d'une porte. Titubant dans le couloir, elle nous jette: «Avez-vous vu l'heure? Vous veillez bien tard, vous deux! Si ça a du bon sens. Des étudiants!»

13

« La fourres-tu au moins, ta belle Élyse, Cloclo ? »

Je grimace. Ces mots ! Ti-Cor, mon fidèle ami, a bu trop de bière au bar de cet hôtel des Laurentides. Il ne sait pas bien, c'est évident, quelle sorte de gars je suis. À propos des filles, il n'a pas du tout mon genre. Veut-il imiter son père, réputé veuf folichon et très « entreprenant » avec la gent féminine qui fréquente sa pharmacie ? Orphelin de mère tout jeune, mon ami a été élevé par une très vieille grand-mère, inapte sans doute et débordée, préoccupée par bien d'autres choses que la bonne éducation de ce petit-fils turbulent, héritier d'un tempérament de feu.

J'ai été élevé de manière extrêmement différente. Pour moi, les jeunes filles doivent être respectées. Je les considère comme des élues pour le bonheur des hommes, pour leur épanouissement. Romantisme ! Et voilà que, dans cette chambre, et flambant nu, Ti-Cor insiste : « Dis-moi pas, pauvre innocent, que tu as peur de ce que nos vieux appellent "des mauvaises maladies" ? » Il ricane et fait ses grimaces folichonnes en s'habillant : « Dis-moi pas, que tu as jamais trempé ton pinceau, pauvre gnochon, dans notre petite Élyse d'amour ? » Il s'esclaffe et achève sa bouteille de bière : « Écoute bien, grand dadais, la petite *noune* d'une belle *moune*, ça mangera pas ton engin. Y a pas de peur à avoir pour ton noble manche!»

Je déteste ça quand mon ami, pour me voir réagir, sort son langage de taverne. Voilà que sa ronde Pierrette, toujours rieuse, émerge de la salle de bain, sa blanche robe de chambre entrouverte: «Je t'ai entendu, André, mon p'tit cochon, tu vois pas que tu le gênes? Sacre-lui donc patience, chacun son style de vie.» Mon mal embouché finit de s'habiller, se verse dans la main une poignée de pistaches. Je regarde le lit défait. Il dit: «Je peux pas croire qu'Élyse est encore vierge, bout de cierge! Grouille-toi le cul, saint simonac! Clo, on est plus en 1900, tu vas me promettre de lui faire "perdre sa cerise" avant le printemps?» Je ne dis rien et je sors de la chambre. Il m'écœure.

Ce matin-là, à huit heures, tous les skieurs de notre classe, avec le sportif père Amyot, montent joyeusement dans un autobus nolisé. Prix d'aubaine, un petit dollar, aller-retour. Cette fois, adieu Saint-Sauveur et son hôtel *Nymark*, nous roulons par la route 11 vers Sainte-Adèle-en-Haut. Dans le vieux véhicule loué pas cher, assis à mes côtés, l'ami Ti-Cor me révèle à voix basse: «Cloclo, tu feras le surpris là-bas. Nos deux blondes, Élyse et Pierrette, vont nous apparaître!» Je ne le crois pas. «C'est ma débrouillarde de Pierrette qui a eu l'idée. Ça fait que, comme nous, en ce moment, elles roulent aussi vers Sainte-Adèle!» Je reste muet, renversé par ce coup de culot. «Yes sir! De bonne heure à matin, à la gare de la rue Dorchester, elles ont pris le train. Tchou tchou pour Sainte-Marguerite-Station. Ma Pierrette a payé pour le billet d'Élyse. »

Silence. Nous traversons le pont de la rivière des Mille Îles. Démonté, j'articule : « Mais écoute, Ti-Cor, écoute, c'est très risqué, de la folie ; là-bas, tôt ou tard, le père Amyot va les voir. » Ti-Cor me donne un coup de coude dans l'estomac : « T'es rien qu'un maudit peureux, Claude Jazzman, un petit chieux ! » Il rigole, ouvre un magazine plein d'actrices de Hollywood en affriolants maillots de bain très « écourtichés ». Le sanguin, au tempérament bouillant et précoce, frétille sur son banc et tourne vivement les pages en couleurs. Il se sort la langue et roucoule, marmonnant ses appréciations sous formes de borborygmes.

Assis avec les plus jeunes en avant du bus, on entend le père Amyot qui s'égosille : « Conducteur, conducteur ! Dormez-vous ? Pèsez donc su'l'gaz ! »

Je suis inquiet : quoi ? bientôt nos blondes à Sainte-Adèle avec nous en skis ? Une bêtise qui pourrait se terminer très mal, par un renvoi immédiat du collège ! À Saint-Jérôme, près du vieil hôtel *Lapointe*, arrêt du bus. On fait le plein d'essence. Sortis pour se délasser les jambes, les plus jeunes s'énervent, se tiraillent. De jeunes chiots. On n'est pas bien loin des côtes maintenant, alors c'est la hâte des glissades. J'ai la frousse. Comment allons-nous pouvoir nous cacher, Élyse et moi ? Ti-Cor, dans son lourd chandail tricoté de sapins et de chevreuils, m'invite à vider avec lui sa chère « p'tite bière d'épinette ».

Ça y est, on y est presque, le virage à gauche et ce sera le domaine *Chantecler* dans quelques minutes. Le vieux bus, machine poussive, monte très lentement la longue côte Morin, au milieu du village de Sainte-Adèle. Le caricaturiste célèbre, Robert LaPalme, y a dessiné une longue fresque en couleurs vives, une peinture gigantesque qui a fait beaucoup parler d'elle. Je suis tout heureux de voir ces petites maisons villageoises installées ici et là, en quinconce, comme au hasard, ou par caprice. Le regard en est stimulé. Plus de ces rues de ville quadrillées bien sages, monotones. Fin des uniformes maisons de briques en rangées prévisibles. Oh, vive ce décor libre! Que j'aime ces paysages laurentiens anarchiques, avec ces collines réparties de tous côtés, paysages de forêts bosselées, remplies de milliers et de milliers de conifères! Je regarde partout, heureux. Stop, voici le stationnement de l'hôtel *Chantecler*. Nous descendons, enthousiastes, pour aller vite prendre nos skis dans une soute de l'autobus. Tapage fou, vacarme total avec les appels au calme répétés du père Amyot.

Fébriles, on entre dans l'édifice aux allures de bâtiment ancien avec ses lucarnes, ses fenêtres à petits carreaux, ses larges persiennes, ses murs de pierres rondes. Nous traversons le hall. Divans et fauteuils devant la haute cheminée. Énormes bûches de bois dans le foyer. Mais nous, foin de cette bonne chaleur, rapidement nous fonçons vers les portes vitrées. On sort. Le ciel très bleu charrie de tout petits nuages rosés. L'air est doux. Sur la terrasse, tous pliés en deux, nous chaussons nos skis en vitesse. Au pied des pentes, on regarde le lac gelé tout blanc. Sur l'autre rive, des gamins patinent dans un anneau de glace.

Enfin… première descente pour aller vers un kiosque où acheter des «passes» pour le remonte-pente. J'aperçois mon Ti-Cor, tuque tricolore, le foulard déployé, qui descend tout droit une pente, criant et chantant, les bâtons levés au ciel. Il a vu Pierrette. Ils se rejoignent en hypocrites, le couple joue la surprise, car Amyot n'est pas loin. Aucune effusion, ni rien. Ti-Cor simule une rencontre inopinée, un aimable hasard. Vraiment culotté, il vient présenter sa jeune maîtresse à notre aumônier: «C'est une cousine, père Amyot. Je vous présente Pierrette Bélanger, cousine du côté de ma mère.» Poli, affable, notre sportif ensoutané lui fait bon accueil, belles façons. Amyot a remonté sa soutane entre ses jambes et, tout guilleret, il part s'accrocher à deux mains au câble. On le regarde… monter au ciel.

Je dis à Pierrette: «Élyse n'est pas avec toi?» Elle: «Non. Tu la connais, pas trop brave sur les pentes. Elle a préféré faire du ski de jarring dans le boisé que tu vois à notre gauche. Ça mène au mont Jolifou, m'a dit un skieur. Tu vas vite la trouver, elle vient d'y entrer.» Elle m'explique qu'il y a une cabane, une sorte d'abri, pas loin. J'y fonce. André gueule: «Clo! On se revoit dans deux heures à la cafétéria?» À grandes enjambées, Pierrette part derrière son bien-aimé, vers le remonte-pente au moteur ronronnant et qui couine, filin d'acier entre poulies.

Quand j'entre dans la forêt, c'est le silence et la beauté parmi tous ces sapins. Je suis au paradis terrestre.

Il y a eu giboulée de neige hier. C'est un spectacle inouï : toutes ces rondes meringues blanches sur les branches. Le sentier vire au nord et je souris de ce petit vent qui fait s'envoler la neige des crêtes des sapins, dôme d'une boule de verre gigantesque. Partout devant moi, des régiments, soldats d'épines, curieuses sentinelles, ces ombres d'un vert sombre. Personnages d'opérettes au garde-à-vous, que je passe en revue. Quelle beauté ! Je ne quitte pas ce sentier qui me conduira à mon grand amour.

Au bout d'une courbe, je vois la cabane. Élyse est bien dans cet abri pour les randonneurs épuisés. Le long d'un mur, du bois coupé, tout au fond, un vieux poêle à bois, « une truie ». Des couchettes en étagères rustiques garnissent un mur. Nous nous embrassons. Je lui raconte en riant l'invention de cette « cousine du côté de la mère » ! Élyse m'embrasse encore. Ma foi, nous sommes Adam et Ève dans un Éden arctique ! Nous cherchons quel mensonge raconter à notre surveillant quand nous devrons retourner au *Chantecler*. « Pour ton curé, je serai la sœur de cette cousine. » D'accord. On rit. Je l'embrasse dans ses cheveux, elle dans mon cou.

Quand nous sortons l'un devant l'autre, skis bien fixés, nous admirons de nouveau ce sentier sauvage au milieu des sapinières. Élyse fait un geste ample devant elle : « J'ai comme le goût de pleurer, sais-tu ? » Me voilà ému aussi, les larmes aux yeux. Soudain, fuite pour rire, elle patine sur ses planches très rapidement, me faisant voir une énergie que je ne lui soupçonnais pas. Loin devant moi, voilà qu'elle chante très fort une chanson de Félix Leclerc. Je l'aime, si heureux de cette randonnée inattendue en plein cœur des bois. Je me sens fragile

maintenant. Le temps va filer. Au fond, cette beauté sylvestre intimide l'urbain en moi.

Hier, en allant au ciné-club du collège, Élyse m'a
parlé de sa nouvelle école, l'académie Marie-Rose, au
310 de la rue Rachel. Elle m'a dit : « Écoute, pour une
fois, oui, pour une première fois dans ma vie, je me
découvre comme une fille parfois mieux habillée que les
autres ! C'est bête, c'est rassurant, fou non ? Certaines
élèves sont vraiment mal habillées, "mal attifées" comme
on dit. C'est nouveau et j'aime ça. Je suis enfin parmi
des gens comme moi, dans le monde ordinaire. Je n'entends plus ricaner dans mon dos. On me disait "pas à ma
place" à Villa-Maria… Quel bon débarras ! »

Je l'écoute chanter au milieu des arbres enneigés :
« Dans le train pour Sainte Adèle/y avait rien qu'un
passager/c'était encor'le conducteur/tchou, tchou,
tchou… » Plus tard, d'une voix enrouée : « C'était un
petit bonheur/que j'avais ramassé… » Je m'y joins d'une
voix de stentor, moi qui chante faux, me dit ma mère.
Essoufflements, on s'arrête à un carrefour où il y a un
genre d'éclaircie. Choc soudain, assourdissant, un long
cri ! Sorte de bramement, d'énorme grognement. On
se regarde étonnés, pétrifiés. On a peur. Qu'est-ce, une
bête sauvage égarée, un orignal, un ours ? Un deuxième
effroyable et terrible grognement se fait entendre ! Élyse
se colle à moi malgré les skis, les yeux remplis d'une
anxiété extrême. Je ne me sens pas gros moi-même.
Vite, virage et retour vers cette cabane Normandin. On
patine à grande vitesse, Élyse tombe, se relève, retombe,
se relève… Panique. Ouf ! Enfin, c'est la cabane, l'abri
béni, et on y entre rapidement pour reprendre souffle.

La bête inconnue oubliée, ce sera de nouvelles caresses et embrassades sur un des lits de planches. Soudain, la porte s'ouvre brusquement! On se remet vite sur nos pieds. Dépenaillé, chapeau de fourrure sur le bout de la tête, un long maigre gaillard est debout dans l'embrasure: «Oh, oh! Toutes mes essescuses, les jeunes! Je v'nais juste tchéker pour le bois.» Je dis à cet olibrius inattendu qu'on allait justement repartir vers le *Chantecler*. Dehors, le bonhomme crache, puis il entre en secouant ses bottes de chantier.

Il va s'installer dans une des chaises de jardin devant «la truie» éteinte. «C'est Oscar Jobidon, mon nom. Mon boss, m'sieur Tomsonne, m'a mis en charge pour les provisions de bûches dans les cabanes.» Le vieux bavard sort de son capot de chat sauvage une blague de peau. Il y bourre sa pipe. Ne l'allume pas. Le voilà bizarrement en verve: «Savez-vous, les jeunes, m'sieur Tomsonne, le patron du *Chantecler*, c'est une providence pour tout le village? C'est lui, m'sieur Tomsonne, qui déneige les chemins à ses frais, hein? C'est lui qui finance les activités des arts, le théâtre dans le curling, les concerts de musique seurieuse, pis les cours de ballet, les cours de peinture avec ma'me Lefort. Une dame estrèm'ment raffinée, elle compte sur moé pour installer, l'été, les chevalets dans la nature. Mon boss, c'est pas n'importe qui, comprenez que c'est fini les arts dans place sans lui, m'sieur Tomsonne! Mam'zelle Rochon, la fille du gros docteur, a l'sait trop.»

Il se lève et tente de nettoyer le foyer avec un tisonnier. Je lui dis: «M'sieur Jobidon, tantôt, dehors, on a eu une peur bleue, on a entendu un cri de bête effrayant.»

L'Oscar verbeux nous regarde, très amusé, et retourne s'asseoir, sort des allumettes. « Dites-moé pas ? Ah ben, sacrament, l'ours est déjà sorti de sa ouache ? » Le voilà qui nous narre les méfaits d'un ours noir qui rôderait dans les alentours. Jusqu'au Sommet Bleu. Un rongeur des haies de cèdres. « Une peste, mes p'tits amis, un vra fléau que pas personne arrive à tuer ! » Il frotte une allumette sur sa cuisse. Je me lève : « On s'excuse, monsieur Jobidon, on a des amis au *Chantecler* qui nous attendent. » Le laudateur du proprio se lève aussi, sort, nous suit dans le sentier. Il est intarissable : « Là, il va falloir que je bâtisse un tas de comptoirs en forme de kiostes, eh oui, m'sieur Tomsonne a dit oui à l'écriveur, m'sieur Robert Choquette. Va y avoir au curling "un salon des livres" comme y disent. Yes sir ! » Crachat jaune dans la neige. « Irez-vous visiter ça ? Par ordre du boss, j'ai vidé pis nettoyé la vieille écurie de l'hôtel, dans rue du *Chantecler*. Allez-y voir, c'est devenu un atelier. Pour des leçons de poterie. Y a un m'sieur Vilandré, Adrien Vilandré. Y est déjà installé, un expert, paraît. Ça vous en bouche un coin, hein ? » On fait de vagues promesses à ce vieillard vigoureux. Et puis des salutations.

À notre arrivée à la cafétéria, l'ami Olivier Gauthier court vers moi pour me remettre une enveloppe scellée, sur laquelle je lis mon nom avec écrit « Personnelle et confidentielle ». Élyse trépigne de curiosité, j'ouvre : « Cher Cloclo. Viens vite me voir. Je t'attends. Chambre 308. Troisième étage. Avec Élyse si possible. André. » Mais Élyse refuse obstinément de m'accompagner. « Tu connais notre Ti-Cor ? Quelque chose me dit qu'il prépare un autre coup tordu. Vas-y seul d'abord, je t'attendrai ici.

Regarde, il y a une table de ping-pong, mon autre sport préféré. » Elle rit. Y court. Je pars.

Et ce sera, hélas, son horrible : « La fourres-tu au moins… ta belle Élyse… »

À cinq heures, le bus quittait Sainte-Adèle. Osant aller saluer le père Amyot, dans le hall, Pierrette avait appelé un taxi. Elle prendra le train du retour à la gare de Sainte-Marguerite, avec une Élyse les yeux encore émerveillés par la vision de la poudre s'envolant des jeunes sapins sous le vent du nord. Dans le bus, j'ai carrément tourné le dos à Ti-Cor. Je suis allé m'asseoir avec Olivier. Tout de suite on a jasé, lui, le fou des armées romaines, des batailles de son idole, Julius César, moi, plus tard, des entreprises artistiques étonnantes de ce M. Thompson, à Sainte-Adèle ; Olivier n'en revient pas et il rit de notre peur d'un… monstre, puis des confidences sur ce vilain ours brun, si vorace, qu'il fait disparaître les haies de cèdres ! Je répète à Olivier les confidences marmottées par Oscar à la fin : « Mes p'tits amis, y a parsonne de parfa, vous l'savez. Après six heures du soir, mon boss est fini, y est pus parlable et je l'cache comme que j'peux, y é saoul comme d'la botte, c'est bin d'valeur à dire, je l'protège comme que j'peux. Je l'fas coucher, comme un p'tit bébé, qu'y est même pas neuf heures ! La bouteille va l'tuer, je l'crains bin. »

Ce soir-là, au 551-A de la rue Cherrier, même accueil glacial de Mme *Des Aulniers* ; elle lève son poignet bien haut pour exhiber sa montre : « Si ça a du bon sens, sept heures et demie? En voilà une heure!» Armande retourne s'étendre sur son divan. Il me semble l'avoir vue frissonner et trembler. Dans la cuisine, Élyse me montre la poubelle. On y voit une bouteille à demi pleine, une autre même pas débouchée. «Regarde, elle veut stopper ça!» On l'entend nous crier: «Je vous ai gardé un peu de gelée de veau. Et du petit lard salé. Il y a aussi un reste de tête en fromage et des biscottes en masse.» Assis à table avec mon amour, je lui redis: «Que c'était beau, non, tous ces sentiers, cette forêt sombre et ces sapins enneigés?» Élyse ne dit rien, elle me sourit, elle a son beau regard clair, si clair.

14

De la belle visite

Un soir, de retour chez Élyse après une de nos romantiques promenades sous la neige, surprise terrible. Ma mère est là!

«Je ne vous présente pas», s'est écriée Mme *Des Aulniers*. Ma mère explique: «Mais oui, je suis là, mes enfants. Ta maman, ma petite Élyse, a eu l'amabilité de m'inviter chez elle.» On reste là, étonnés, embarrassés, ne sachant plus trop quoi faire. La fière Armande: «Allez donc à la cuisine, mes enfants, j'ai mis sur la table de bons petits mets, vous allez vous régaler. Il y a du thé sur la cuisinière.» On y va aussitôt. On entend la mère d'Élyse qui parle fort, avec la voix juchée haut, quoi. Élyse me tartine du pâté de foie gras sur des biscottes. Fuse bientôt la voix de fausset d'Armande: «Madame Jasmin, je veux que les choses soient bien claires entre nous deux. J'estime votre grand garçon. Il a été bien élevé, ça se voit très vite, je vous en félicite. Cependant, Germaine, je peux vous appeler Germaine, oui? il y a un tel monde de différences entre nos deux familles qu'il faut bien nous comprendre, c'est une aventure sentimentale qui ne pourra pas durer très longtemps. Nous sommes d'accord, j'espère?»

Élyse est assommée et me regarde avec intensité. Elle serre les poings. «Tôt ou tard, votre garçon va constater le gouffre qui sépare nos familles. Rien à faire, Élyse appartient à une classe différente.» Ma mère: «Oh! vous savez, madame, la classe, ça n'est pas un gage absolu de bonheur, je me trompe?» Un silence, puis: «Écoutez-moi bien, tout les sépare et ma fille doit bien s'en rendre compte. N'allez pas croire que j'ai du mépris pour le monde ordinaire, les gens du commun, s'agit pas de ça. Si je souhaite que s'achève bientôt leur gentil petit flirt, c'est que j'ai consacré ma vie de veuve au futur d'Élyse, oui, à son avenir. Le destin de ma fille unique, madame Jasmin, m'est une constante préoccupation.» Silence encore. Ma mère: «Moi, madame Désaulniers, je refuse de m'interposer dans les amours de mes enfants, ils sont libres. Vous savez bien que l'amour ne se commande pas!» Nouveau silence, bref cette fois. «Oui, oui, on dit ça, ma petite dame, mais c'est n'importe quoi, c'est des mots en l'air. Les paroles de gens qui n'ont rien à perdre, je m'excuse de vous le dire. Vous ignorez tout de nous, les *Des Aulniers*. Nous descendons d'une lignée prestigieuse.» Élyse enrage de plus en plus: «Je vais aller lui dire de se taire, il y a des limites, Claude!» Je la retiens fermement, mais je bous autant qu'elle. «Si j'ai voulu cette rencontre, chère madame, c'est pour mettre les choses au clair. Nous partons dix jours chez des parents, ils seront séparés. Dès notre retour, je souhaite, je veux, vu l'incompatibilité totale entre nos deux familles, j'exige, oui, j'exige que vous raisonniez votre fils. Qu'il comprenne le bon sens. Il faut lui ouvrir les yeux, à votre grand garçon. Il devra cesser ses visites ici. Suis-je assez claire, madame?»

C'est moi qui fonce au salon. En passant dans le couloir, j'ai décroché le manteau de maman, je vois rouge, je la soulève de son fauteuil en lui tirant le bras : «Viens, maman, on s'en va, tu n'as pas à endurer ces insultes!» Maman m'a suivi docilement au portique où on enfile nos pardessus fourrés. J'entends Élyse qui crie presque : «Maman, tu m'as humiliée, je ne te pardonnerai jamais ça!» Sur le trottoir, ma mère me dit : «Tu ferais vraiment mieux de rompre, mon petit gars, avec cette Élyse, ce sont des gens de la haute. Du monde hors de notre monde à nous. Tu serais malheureux tôt ou tard.» Je tremble un peu et nous marchons en silence vers le tramway de la rue Saint-Denis.

Après le départ d'Élyse, j'ai repris contact avec mes anciennes «blondes». Gisèle de Saint-Henri s'était fait un nouveau soupirant. Au téléphone, elle m'a parlé d'un mariage prochain. À dix-huit ans ?

Acceptant de me voir dans un restaurant de la rue Villeneuve, Micheline, la jolie noiraude de Pointe-Calumet, m'a confié : «Comme c'est curieux, moi, c'est ma mère qui me répétait que notre famille n'avait pas assez de classe pour "fitter" avec vous autres, les Jasmin!» Elle m'a appris qu'elle était amoureuse d'un beau blond, un jeune militaire de carrière que son papa, capitaine de l'Armée canadienne, lui avait présenté.

J'étais seul en fin de compte et ne pouvais me résoudre à perdre Élyse. C'est elle que j'aimais. Je maudissais sa prétentieuse de mère. Tous les soirs, dans ma chambre, j'embrassais longuement sa photo. Et mon jeune frère, Raynald, ricanait.

Je guettais la fin du séjour maudit, j'attendais son retour. Jamais plus je n'irais au 551-A de la rue Cherrier. Nous pourrions organiser par téléphone nos futures rencontres et la belle vie d'avant continuerait. Certains soirs, très tard, j'éclatais en sanglots dans mon oreiller. J'avais mal partout de ne plus pouvoir la voir, l'embrasser, la caresser. Mes études pour devenir avocat un jour perdaient tout leur sens. Elles n'allaient pas bien de toute façon depuis le mois de septembre. J'étais un cancre fini, selon le prof de mathématiques, et j'allais couler les examens en juin. Mon père me parlait d'une école de métiers : « Écoute bien, mon gars, il n'y a pas de honte à pratiquer un métier manuel. » Ma mère, tellement déçue quand je prédisais ne pas pouvoir continuer longtemps mes études classiques, ne disait plus rien. Elle n'aurait pas ce fils « professionnel », dont elle aurait pu tirer orgueil et gloire. Je me sentais parfois une sorte de voyou, de « sans-grade », d'insignifiant congénital, d'homme sans avenir. C'était peut-être l'influence de cette dame *Des Aulniers*?

J'attendais, avec impatience, le retour d'Élyse au 551-A Cherrier. En me rongeant les ongles, anxieux. Je brûlais de la tenir dans mes bras, de revoir son doux regard timide, de mordre sa si jolie bouche toute rose.

15

Glisser dans le noir du soir

Février neige sans cesse. Hautes congères sur tous les trottoirs de Montréal. Devant chez moi, des gamins enthousiastes se creusent des tunnels et forment d'étonnants labyrinthes. Papa, sans guère de clientèle le matin, regarde par la fenêtre du boudoir, allume et rallume sa pipe toujours éteinte, sirote son éternel café refroidi et dit : « Petit gars, c'était ton grand bonheur, ces creusages dans les bancs de neige, et moi, ton père, je ne vivais plus. Le passage de la souffleuse à Sicard, que vous pouviez pas voir arriver, vous aurait mis en charpie saignante ! »

Cette année, l'hiver, on dirait, ne finira jamais.

Nous voilà, Élyse et moi, par un beau samedi soir, charmés tous les deux par les clochettes d'un grand traîneau : nous avons voulu mieux savoir ce qu'est une *sleigh ride*. Il y a dans l'air une atmosphère féerique. Magique, ma foi ! On glisse avec un groupe d'une quinzaine de femmes, des inconnues, sous un ciel très étoilé. Bien collés l'un sur l'autre, enfouis dans de lourdes pelisses de fourrures – qui ne sentent pas très bon – nous nous embrassons discrètement. Ces femmes, de braves bourgeoises très bien vêtues, entonnent des airs d'opérette!

Élyse est ravie, tout sourire, ferme les yeux de bien-être. Je suis si heureux quand je la vois joyeuse, en paix, épanouie, elle qui trop souvent semble anxieuse. On ne regrette pas du tout cette envie d'essayer ça, le *sleigh ride*, ces balades à bon marché dans les proches alentours d'un Montréal resté campagnard. Par exemple, ce soir, cette petite ville pas bien loin de Villeray, dénommée Saint-Léonard-de-Port-Maurice. D'abord, à pied, on a marché tous les deux dans la rue Jean-Talon, un peu passé la rue De Lorimier. Là, au coin de la rue d'Iberville, derrière un garage, découverte d'une vaste écurie. Un gras personnage chauve nous lance: «Ben là, y nous reste ce traîneau avec des femmes musicales, si ça vous va, embarquez vite, y part là!» Un dollar par tête.

On se faufile sur un des bancs de la vieille *sleigh* aux larges patins de bois. Cri du cocher et clochettes! Dès le départ vers l'est, dans une ruelle enneigée, c'est le bonheur pour nous deux. Nous jouons les voyageurs du siècle dernier, du temps «d'avant-les-automobiles». Deux gros percherons blonds, poilus du cou aux chevilles, tirent la voiture. Juché sur son banc de conducteur, fouet à la main, criant déjà des «hue! dia!», un bonhomme, vieillard vigoureux, trône. C'est avec une voix puissante que notre cocher s'est présenté aux excursionnistes: «C'é moé vot'guide. J'm'appelle Clac Odilon. Clac pour les intimes!» Il ricane; et clac! son premier coup de fouet, la «team» de blonds s'ébranle. Clac s'écrie: «Ça y est, mes amis, c'est parti, pis j'vous souhaite un bon voyage!» Au bout de la rue Jean-Talon, au trot – petit galop pépère – nous traversons la rue d'Iberville, puis la rue Pie-IX. Soudain, comme si nous y avions été transportés par miracle, nous voici en pleine campagne! Subitement, quel calme dans la nuit, à part les sabots des percherons; on en est tous comme transformés. Découvrir des sites champêtres si proches de la ville!

Maintenant, nos regards examinent cette première «ferme-en-ville». Clac Odilon éclate: «Ça là, au bout du champ, ce que vous voyez, ben, c'est une maison qui date des années 1700, d'après nos archives. Eh oui! Qui sait si notre fondateur, Chomedey de Maisonneuve, y serait pas venu y faire un tour? On sait pas, mais ça se pourrait bin?» Il ricane. Se mouche bruyamment. Fouette mollement ses bêtes. Élyse et moi, nous regardons cette très vieille maison et ses bâtiments, grange, écurie, porcherie, poulailler et le reste.

Notre voisine, une fière dame au cou raide, la tête très haute, emmitouflée dans le vison, se penche vers nous: «Je vous trouve adorables, collés si tendrement tous les deux. Écoutez, confidentiellement, seriez-vous venus à Montréal en voyage de noces?» Avant qu'Élyse ne parle, je dis: «Oui, vous avez deviné juste. Nous venons du Saguenay.» Élyse me donne un coup de pied. La noble dame se trémousse: «Mais c'est merveilleux, est-ce que je peux l'annoncer à mes compagnes? Nous sommes un petit groupe du Cercle des études musicales et nous nous "épivardons" en louant cette calèche!» Une main sous son long nez, elle rit sous cape. Je réplique aussitôt: «S'il vous plaît, non! Non, madame, n'en parlez pas, on se cache. On est des fugueurs. Nos parents s'opposaient à ce mariage!» Élyse me fixe avec un dur regard et voilà l'abonnée du CEM troublée : «Mon Dieu! Quel drame pour vous deux! Et si jeunes!»

Clac ralentit les chevaux pour nous montrer l'église : «Une bâtisse qui a été construite en 1925. Elle a flambé deux fois, c'est le troisième modèle que vous voyez là. Quant à la p'tite ville de Saint-Léonard, ça, c'est né en 1915. Pas d'hier, hein?» La calèche file doucement sur un nouveau chemin désert. On se croirait loin, mais alors très loin de Montréal. Pourtant nous glissons à quelques minutes de Villeray. Au sud, c'est Rosemont et Hochelaga. Au nord, c'est la ville de Montréal-Nord.

Silencieux, ravis, nous admirons cette campagne toute blanche et ses fermes tranquilles. Le ciel, rempli d'étoiles, nous offre une voûte de rêve, le perpétuel tintinnabulement des colliers de clochettes achève de nous enchanter. Élyse se penche à mon oreille et me récite tout bas *Le soir* de Lamartine qu'elle aime tant : «Le soir ramène le silence/Assis sur ces rochers déserts/Je suis dans le vague des airs/Le char de la nuit qui s'avance... Descends-tu pour me révéler/Des mondes le divin mystère?/Les secrets cachés dans la sphère/Où le jour va te rappeler?... Mon cœur à ta clarté s'enflamme/Je sens des transparents inconnus/Je songe à ceux qui ne sont plus/Douce lumière, es-tu leur âme?»

Je l'embrasse. La dame du CEM glousse faiblement, souriante : «C'est beau, l'amour, même si ça ne dure pas si longtemps, profitez-en bien.» À mon tour, je récite du Musset à l'oreille d'Élyse, mon amour : «Oui, femmes, quoi qu'on puisse dire/Vous avez le fatal pouvoir/De nous jeter par un sourire/Dans l'ivresse ou le désespoir/Oui, deux mots, le silence même/Un regard distrait ou moqueur/Peuvent donner à qui vous aime/Un coup de poignard dans le cœur... »

Ralentissement du traîneau, et Clac annonce : « V'là, mes bons amis, que nous arrivons à l'attraction de la soirée. » Nous tournons dans un chemin nouveau, nous engageons dans un étroit chemin couvert de glace. La rue Pie-IX est loin derrière nous, voici un immense champ en jachère et quelques arbres maigres. Le traîneau s'immobilise sous un écriteau sur lequel nous lisons : « La grotte ». Odilon, le cocher, est debout et lâche en hauts cris : « Tout l'monde débarque! Voici la caverne des cavernes, unique sur *toute le territoère*! » Remue-ménage dans la longue *sleigh*, les couvertures fourrées volent en tous sens, vite, suivre cet hilare et énergique cocher sous la lumière d'un chétif lampadaire déglingué. Nous voyons simplement un trou et le cher Clac gueule : « Visez ben l'trou, drette là, d'vant moé. C'est ce qui se nomme un "glacio-teche-tonique" comme c'est écrit dans les savants livres des "spéliologues"! » Son fouet à la main, Odilon jubile. De l'autre main, un grand geste d'invitation. Élyse et moi avons envie de rire de voir ces dames de la CEM. La plupart refusent de se courber et restent dehors. Nous entrons volontiers pour découvrir un espace d'une centaine de pieds de long par une vingtaine de large. Amusé, courbé, Clac tient à bout de bras le fanal qu'il a allumé. Il joue l'initiateur important. Il fait des sourires énigmatiques, indique d'un doigt triomphant stalactites et stalagmites. De remuantes ombres murales nous impressionnent. C'est le silence total, teinté d'admiration. Mais oui, une grotte, une vraie, et pas loin du cœur de la ville. Élyse se presse contre moi, me murmure : « Vois-tu ça, Marie, la sainte Vierge qui nous apparaîtrait ? On se croirait à Lourdes ou à Fatima, non ? » Elle rit.

Remontés dans notre *sleigh*, nous glissons vers une halte. Odilon, en effet, nous conduit à un modeste snack-bar tenu par une *famiglia* italienne. On n'a pas tant besoin de s'y réchauffer, car cette soirée est de toute douceur. On va y boire un vin maison plutôt aigre et on croquera dans de gros morceaux de *pizz* « authentiquement italienne », spécifie le patron. Et très épicée. Un chanteur italien bien gras, aussi joueur de mandoline, cheveux noirs gominés, viendra nous susurrer son répertoire, héritage de son pays natal inconnu de nous, « Les Pouilles, ma patrie ! », précisera-t-il. Soudain, à ce qui semble un air d'opérette connu, voilà nos bonnes femmes du CEM debout, comme illuminées, qui chanteront en une énergique chorale, battant des mains. Elles applaudiront à tout rompre le troubadour chevelu.

La randonnée dans cette étonnante banlieue s'achève vers minuit. Élyse et moi, nous tenant par le cou, marchons rue Jarry vers la rue Saint-Denis. Soudain, Élyse : « Tu dois trouver qu'on mène une vie plate, non ? Je t'observais dans la caverne, tu étais excité, tu examinais tout, je me disais qu'on devrait ramasser un peu d'argent, quêter chez nos parents en moyens, et partir, aller en voyage, n'importe où, loin. Tu as besoin d'aventure non ? Tu n'es pas le genre à moisir dans ton petit coin, dans nos routines, j'ai peur de te perdre, j'ai pas raison ? » On marche. Rue Papineau, rue Christophe-Colomb, rue Saint-Hubert. Je ne dis rien puis, soudain, je la prends dans mes bras, je la soulève, je l'embrasse du plus fort que je peux: «Je t'ai, toi, Élyse Désaulniers, et ma vie est devenue une aventure rare.» On marche en silence, plus lentement. Arrivés à Saint-Denis, nous guettons notre bon vieux tram. Il se montre enfin. En route pour le 551-A Cherrier, avec appréhension des hauts cris habituels d'Armande *Des Aulniers*: «Eh bien, belle heure pour rentrer, ma fille!»

16

Nulle part

C'est une mode nouvelle pour la jeunesse. Étudiante ou non. Pour un dollar, pouvoir s'embarquer dans un bus un soir de week-end et rouler sans savoir où nous aboutirons! Des voyages qui nous excitent. Avec d'autres filles et d'autres gars, nous nous retrouvons pour danser en un lieu plus ou moins campagnard, ou exotique parfois, et le plus souvent, inconnu. N'importe où. C'est selon les arrangements et les caprices de la compagnie d'autobus. Cela se nomme « aller en *nowhere* ».

Avec certains de la bande de Grasset, au début du mois de mai, on se retrouvait à la plage Idéale, au bord de la rivière des Mille Îles. On descendait, agités et pressés, du bus nolisé pour découvrir un vaste plancher de danse. Un orchestre permanent dans ce petit hôtel et, durant leurs pauses, un gigantesque juke-box aux couleurs virevoltantes.

C'est le défilé des chansons à la mode, de la musique américaine, pour agiter frénétiquement nos jambes de grands adolescents. À l'honneur, le boogie-woogie, mais aussi ce que l'on nomme des « collés », ces mélodies lentes et langoureuses qui nous autorisent à danser très pressés – joue contre joue et ventre contre ventre – sur la partenaire du moment. Quel bonheur!

Vive le *nowhere* et vive ces lieux de villégiature populaire ! À la mi-septembre, l'an dernier, par un chaud samedi soir, temps quasi caniculaire, nous avions embarqué vers l'inconnu et nous avions découvert, ravis, un charmant petit hôtel sur une rive du lac Saint-Louis. À Pointe-Claire. Cette fois-là, l'orchestre était imposant, une douzaine de musiciens, et aucun juke-box ! Nos danses, accompagnées par ces sons *live*, en deviennent comme plus troublantes...

Ayant appris la chose, Pierrette et Élyse s'achètent un billet de *nowhere* mais pas nous, les gars. On nous a dit que la compagnie des bus offrait à chaque excursion des billets gratuits, le but étant d'avoir le même nombre de gars que de filles dans le véhicule pour la formation des couples à l'arrivée. Ti-Cor et moi, nous nous présentons donc rue Dorchester et on entend : «Ah ! vous tombez bien, nous avons pour samedi qui vient un surplus de filles. Il nous faut une dizaine de garçons pour équilibrer le voyage !» On jubile. Un dollar, c'est un dollar !

Évidemment, on fait le noir dans le bus. Une veilleuse en avant et une autre à l'arrière, c'est tout. Nous observons, amusés, les discrets échanges entre filles et garçons. Ce sont les gars qui se déplacent, évidemment, pour former un couple avant même l'arrivée au dancing. On échange quelques mots, ça clique ou ça ne clique pas, alors constants déplacements dans la pénombre du bus. Et ça nous amuse, nous, les bien «casés», Élyse et moi, Pierrette et André.

Le très gras conducteur, aux cheveux rares et au nez long, sort fréquemment un flasque qu'il dissimule sous son siège. Toutes les quinze ou vingt minutes, il se sert une généreuse rasade. Maintenant ivre et fort gai, il veut bien chanter avec nous. Hélas, nous entendons des sons de plus en plus grinçants tant il s'enivre à mesure que nous roulons vers l'inconnu. Ti-Cor va jusqu'à lui proposer de prendre le volant. Le gros patapouf proteste et le chasse. On rit un peu jaune! Défilent L'Abord-à-Plouffe, et puis Saint-Martin. On chante. Ensuite Sainte-Dorothée, puis, rivière traversée, Saint-Eustache. Certains baisers bien chauds font des *clachs* et des *plashs*, aussi des *smachs* dans la noirceur relative. L'amour flotte dans le bus, avec la fumée de nos cigarettes.

Après une heure à rouler dans la campagne, voilà que je reconnais le paysage quand notre bus quitte soudain la grande route. C'est ce très familier Chemin de la Baie. Ensuite, le boulevard Groulx, un chemin de sable, et c'est la plage de Pointe-Calumet! Nous rions en reconnaissant par les fenêtres, moi, le vieux chalet paternel, et Pierrette, leur petite maison avec la pancarte *Docteur Bélanger, médecin.*

Il est presque neuf heures du soir. Le conducteur peine à se lever et, d'une voix molle, il annonce à la cantonade: «Tout l'monde descend, *si'ou'pla*, on y est, et sains et saufs!» Tout le monde descend rapidement. Devant nous, sur un monticule sablonneux, une modeste auberge en planches à clins, le *Mont Éléphant* et son dancing ultra-populaire dans tout le comté des Deux-Montagnes. Nous nous installons autour d'une mini-scène, où un quasi-nabot aux cheveux roux imite le chanteur favori de nos mères, Tino Rossi. Deux musiciens tentent maladroitement de l'accompagner. Ensuite, en déhanchements comiques dans ses chairs molles enrubannées dans un tout petit maillot de bain de soie blanche, danse Fabiola-Vénus, sous un réflecteur rouge dit de « poursuite ». Puis s'amène un dresseur de chiens à la performance discutable et, enfin, un très vieux magicien aux numéros misérables et usés.

Un gérant annonce la fin du *floor show* : « Nos artistes reviendront à onze heures, mesdames et messieurs ! » Peu d'applaudissements et, enfin, c'est la ruée de tous les jeunes voyageurs du *nowhere* vers le plancher de danse et le précieux juke-box. Élyse ne se lasse pas d'entendre *Thérésa*, sa chanson favorite. Bonheur ! Elle ! Toute blottie au fond de mes bras. Je l'embrasse partout dans le cou. Elle frissonne.

Nous buvons de la bière et je lui parle du lieu où ma famille passe ses étés depuis 1940, Pointe-Calumet. Je lui raconte les us et coutumes de ce faux village. Village artificiel, qui s'ouvre aux Montréalais de la classe ouvrière, avec ses chalets à bon marché, à partir de la fête de saint Jean-Baptiste et est déserté complètement dès la fête du Travail ! Elle m'écoute, captivée.

« Je veux tout savoir de toi avant moi », me dit-elle. Je raconte mes innocents premiers flirts. Les randonnées ou nos courses en chaloupe jusque dans la Grande Baie, ou, encore plus loin, jusqu'au traversier des « Sauvages » à Oka. Mes cabanes dans les grands arbres, les journées entières sur la plage à construire des villes pleines de rues pour mon frère cadet, Raynald. Enfin, nos incessants parcours d'un radeau à l'autre sur le vaste lac, aussi nos plongeons risqués du haut des falaises de sable, au cœur des deux sablières commerciales, derrière la chapelle.

Nous dansons. Élyse est réticente, mais consent aux jam boogie-woogie et autres hot ou warm boogie-woogie... pour me voir, comme elle dit, «trépigner». Alors, vive le jitterbug, et le défilé de *tounes* populaires. Élyse-la-discrète se fait violence et les cheveux dans le visage, elle aussi, trépigne. Vite épuisée, parfois, elle me prête à de mignonnes inconnues, mais pour les «collés», c'est elle ou personne.

Par les fenêtres du *Mont Éléphant*, on voit une lune extrêmement brillante, ce soir-là. Le petit trio de musiciens est revenu et on craint le retour du spectacle minable, aussi j'invite mon amour à sortir sur la grève. La beauté du grand lac, avec le brillant sillon de lumière qui le traverse. S'étant déchaussée, Élyse sautille sur le sable. Nous découvrons l'ivrogne, appuyé contre un muret de roches. L'imprudent conducteur, sans doute moins ivre que tout à l'heure, nous voit: «Quelqu'un a téléphoné pour se plaindre à la compagnie et on va me remplacer, ayez pas peur!» Nous ne disons rien. Il s'éloigne en titubant un peu et en chantonnant: «Auprès de ma blonde...» Élyse et moi, nous partons bras dessus bras dessous, au clair de lune, dans la direction opposée. Un vent léger souffle de l'ouest, une faible houle mène son train de doux chuchotements. Élyse donne des petits coups de pied dans la crête des vaguelettes et, heureuse, rit.

Au pas de course, elle se sauve de moi et entre dans l'eau, me crie: «Je vais nager jusqu'à l'île Bizard de l'autre côté, très loin de toi!» Je cours vers elle, je la rattrape. Accrochés l'un à l'autre, nous tombons dans l'eau. Soudain, nous apercevons une silhouette dans le soir, les pieds dans l'eau jusqu'aux genoux, un jeune homme à la chevelure noire, lourdes lunettes sur le nez, visage levé, il observe la lune, nous a vus, a souri, soudain nous récite d'une voix grave : « Frileuse aux pieds nus sur le frimas de l'aube/Par ce temps profus d'épilobes en beauté/Sur ces grèves où l'été pleuvent en longues flammèches les cris des pluviers/Harmonica du monde lorsque tu passes et cèdes/Ton corps tiède de pruche à mes bras pagayeurs/Lorsque nous gisons fleurant la lumière incendiée/Et qu'en tangage de moisson ourlée de brises/Je me déploie sur ta fraîche chaleur de cigale... » Il rit : « Excusez-moi, quand je vois jeunesse et beauté, ça me prend, faut que je poétise, excusez. » Gaston Miron ne semble pas nous reconnaître. Je lui dis que nous aussi, nous aimons la poésie, Nelligan, Saint-Denys Garneau. Je récite : « Je marche à côté de moi en joie/J'entends mon pas en joie qui marche à côté de moi/Mais je ne puis changer de place sur le trottoir/Je ne puis pas mettre mes pieds dans ces pas-là et dire voilà c'est moi ».

Il rit et se rapproche de nous, le pantalon tout mouillé : « Mon nom est Miron, Gaston Miron, et je viens tous les vendredis soir tenir la caisse du *Mont Éléphant*. Je travaille pour M. Archambault. Le proprio habite en ville, rue Liège. Plus jeune, au noviciat des frères enseignants, j'étais le meilleur ami de son fils. Il est mort de tuberculose. Le père n'a confiance qu'en moi, qu'il me répète. » On ne sait plus quoi dire. Élyse et moi lui serrons la main. On s'en va.

Une fois revenus dans le dancing, on constate que l'artiste de *speciality act* fait de nouveau sauter ses petits chiens. Alors, on quitte la salle et on retourne vers le bus du *nowhere*. Appuyé contre un lampadaire, il y a – même casquette de la Provincial Transport – un nouveau chauffeur qui nous attend. Blond, plus jeune. Il tient un long cigarillo éteint, et de l'autre main, un magazine illustré. «M'sieur, on peut monter dans le bus?» Il fait fonctionner une manette et, dans un souffle, la porte s'ouvre. Élyse et moi, nous y grimpons. Pour nous embrasser en paix. Nous, les chiens savants, bof…

17

Yamachiche, un dimanche après-midi

Hier, un doux samedi, Élyse m'annonce: «Ne me cherche pas demain, ma révérende mère m'emmène encore passer la journée à Yamachiche. Oui, mon vieux, dans la noble famille de son riche cousin, Herménégilde Désaulniers.»

J'enrageais. Je savais bien les calculs maudits de cette mère, pour lier ensemble des gens de «sang bleu», de race pure! Je l'exécrais comme jamais. Avant de m'endormir, ce soir-là, j'étais décidé. Demain, tout seul, j'irai prendre un bus ou un train pour Yamachiche, et rendu là, je passerai un coup de fil à la petite-cousine. Cette noiraude Catherine, je l'ai vue quelques fois rue Cherrier. Alors, d'un lieu public, je ferai un arrangement, discrètement, pour qu'on se rencontre quelque part tous les trois, Élyse, Catherine et moi.

Et oui, toujours ce besoin de défier cette mère tant détestée. La voir absolument dimanche, là, au cœur même du danger, chez les riches Désaulniers. Ce danger de la perdre. Je refuse de laisser mon grand amour seule au sein de cette famille de Yamachiche, huppée et méprisant «*le commun*». Pas question de laisser ma belle Élyse aux mains de ce vague cousin, Cheveux d'or, surnom ridicule dont Mère-Armande affuble ce gendre idéal, l'héritier précoce d'un père mort d'un cancer du pancréas. J'ai croisé Cheveux d'or une fois. Gras personnage infatué de lui-même. Parlant pointu.

Madame mère, Armande, depuis longtemps le voit en «bon parti» pour sa fille, le destine à un mariage mythique. Un bel avenir sécuritaire pour sa poupée malléable, croit-elle. Dimanche matin très tôt, j'ai donc pris le bus pour Trois-Rivières au marché Jean-Talon, à côté de chez moi. Dès mon arrivée à Yamachiche, dans un restaurant de la rue LeSieur, je demande Catherine au téléphone. Elle est toute surprise de ma présence dans sa petite ville. Elle ne dit rien, muette d'étonnement. Puis elle se secoue, rit et dit: «Oh, la chanceuse Élyse! Tu l'aimes vraiment beaucoup, hein?» Je ne dis rien. Catherine sait bien les vœux maudits d'Armande *Des Aulniers*! Elle devine mes efforts constants pour contrecarrer ses plans. Elle a pris note de l'adresse du restaurant. C'est entendu, elle va sortir avec Élyse, dira à sa hautaine maman qu'elle va lui faire visiter Yamachiche. Je me commande un deuxième café. J'ai hâte et mon cœur bat vite.

J'aime bien Catherine qui, elle aussi, doit se débattre contre une mère pas moins snob que celle d'Élyse. C'est une toute petite jolie fille, les yeux un peu bridés, d'un vert dense. Elle porte la tête haute couronnée de longs cheveux très noirs. C'est une Désaulniers, oui, mais en un seul mot. Je les vois arriver. J'embrasse Élyse rapidement, discrètement, le restaurant est rempli. Tous les trois, nous allons marcher dans les alentours sous un soleil radieux. Élyse, folle de joie, se colle à moi.

À Montréal, souvent, nous avons emmené Catherine en promenade. Au Musée de cire et à l'Oratoire, à la Palestre nationale et au parc La Fontaine. Au Palais des nains, rue Rachel, ou pour flâner et lire des vers d'Émile Nelligan au carré Saint-Louis. Plus souvent encore, pour simplement musarder, déambuler dans les grands magasins du centre-ville.

Catherine semble m'estimer aussi : « Tu me fais rire tellement. Dans ma famille, ça ne rit jamais », me répète-t-elle. C'est facile de l'amuser, cette cousine a un tempérament joyeux, une nature légère, souvent même frivole. Aussi, elle n'hésite pas à rire d'elle-même, c'est rare, ou de ses parents prétentieux. Elle se moque volontiers des rituels mondains des petites villes, là où se crée toujours une élite autoproclamée, artificielle, c'est bien connu.

Soudain, en face d'une église, Catherine, étonnante, s'écrie : « Vous devriez fuir tous les deux. J'y songe parfois, vous savez. Ou vous cacher n'importe où. Écoute, Élyse, ta mère, comme la mienne, ne te lâchera pas, jamais ; nos deux matrones nous tiennent captives. Moi en vue d'un mariage avec ce grand dadais de Paul-Émile. » Soudain, Catherine éclate en sanglots devant le kiosque à patates frites, et sort un mouchoir de son sac à main.

Élyse et moi, on ne sait plus où se mettre, ni quoi lui dire. On marche vers un petit parc très boisé. Catherine finit par se calmer et même éclater de rire : « Excusez-moi, c'est fou ! Je voudrais tant aller vivre à Montréal. Vous ne savez pas ce que c'est, de vivre dans une toute petite ville. » Elle nous explique son monde, les incessants ragots, méchantes rumeurs et potins niais d'une petite population qui s'ennuie. La course aux privilèges, réels et supposés. Les luttes imbéciles pour obtenir un certain statut, par exemple, un banc d'église marqué à son nom, ou les visites à domicile de certains marchands, commis voyageurs d'importance pour des fourrures ou des bijoux.

Va s'achever, doit s'achever, notre promenade en liberté. On a vu l'église de Sainte-Anne, patronne de Yamachiche. Aussi la célèbre « enfilade des douze maisons de briques rouges », le monument des pionniers, les Bellemare, le monument au fondateur, Pierre Boucher, aussi un site à la gloire des valeureux patriotes de 1837, le chemin des Algonquins, alias des Caron, le pont Gélinas sur la Petite Rivière, la place des Déportés acadiens de 1755. Le soleil baisse. Les deux « Mères Supérieures » pourraient, inquiètes, s'énerver. Élyse m'embrasse et Catherine nous sourit.

Je retourne, seul, à la petite gare d'autobus. Le conducteur du bus pour Montréal sort de son véhicule et marche vers un snack-bar quand je lui demande si je peux monter m'asseoir. Il accepte en maugréant. Je m'installe dans un fauteuil du dernier rang. Je sors un petit recueil, *Illuminations* d'Arthur Rimbaud. Quand c'est l'heure du départ, une dizaine de personnes s'amène. Je guette Élyse. La voilà, en courant, avec sa mère qui montre ses billets au conducteur. Élyse me voit. Petit sourire nerveux. Elle comprend qu'elle doit guider sa maman vers les sièges d'en avant, et cette dernière, occupée à refermer son sac, ne me voit pas. J'étais penché, presque plié en deux.

Je voyagerai les yeux grands ouverts, sans lire Rimbaud, fixant seulement la nuque de ma beauté.

Parfois, je ferme les yeux et je rêve que je l'embrasse à pleine bouche. Parfois, très furtivement, Élyse se tourne vers moi. Alors j'attrape de ses si beaux et discrets sourires, et je fonds.

À Montréal, c'est la difficile séparation. Rue Jean-Talon, je les regarde marcher devant moi vers leur tramway Saint-Denis. Au coin de la rue Drolet, je fonce, le soleil dans le dos, je cours dans ma ruelle. J'arrive à la maison et ma mère, affairée à sa cuisinière, m'apercevant: «On a téléphoné pour toi. Veux-tu bien me dire où tu as passé ton après-midi?» Je ne dis rien, je cours vers le balcon d'en avant. Je sors. J'attends. Le Saint-Denis s'amène et je guette toutes les fenêtres. Oh! Elle est là. Je lève une main, Élyse a levé aussi, prudemment, la sienne. Avec un triste sourire.

Souper. Une fois de plus, la fameuse choucroute à l'allemande que cuisine si bien maman. Je mange toujours trop vite. «Tu vas te détraquer l'estomac comme ton pauvre père», gronde ma mère. C'est que j'ai déjà hâte de lui téléphoner. J'ai déniché, au cinéma *Rialto*, deux nouveautés: d'Anatole Litvak, *The Snake Pit* avec Olivia de Havilland, et de Victor Fleming, *Joan of Arc* avec Ingrid Bergman.

Quand, tout heureux, je l'appelle du restaurant de papa, deux grands zazous épient ma conversation et ricanent. Papa invite sévèrement les jeunes zazous à remonter à l'étage avec leurs hamburgers.

Papa aime donc me voir heureux?

18

La fugue

Alors que je revenais d'une course pour ma mère au marché Bourdon, rue Chateaubriand, un chien s'est mis à me suivre, si laid, avec son poil de plusieurs jaunes délavés avec des trous dedans. Une grosse bête pelée avec des plaies purulentes. J'en étais dégoûté. J'accélérais le pas et ce maudit cabot faisait de même. Arrivé au coin de ma ruelle, je vois un type qui m'appelle. Il court en sautillant, on dirait une fille avec une corde à danser! Un bizarre personnage, maigre, très grand, avec des cheveux longs très blonds. La langue sortie, il court vers moi et m'ayant rejoint, essoufflé, il me dit en caressant la bête : «C'est mon chien. Je le cherchais partout, vous savez, c'est tout ce que j'ai ici, à Montréal!» Il s'est mis à genoux sur le ciment de la ruelle et a enfoui sa tête dans le pelage tout mité.

Ses effusions terminées, il finit par se relever et me regarder. Je lui souris et je continue mon chemin, mais voilà que cet inconnu aux manières efféminées a pris le chien dans ses bras et marche à mes côtés. Vêtu d'un long imperméable beige, très sale, l'homme caresse les oreilles de son animal et me raconte : «J'ai rien, personne. L'exil est insupportable certains jours. Pas de parents, aucune connaissance et, le pire, je ne trouve pas d'emploi. » J'accélère le pas. Lui aussi. « Je viens du Liban, jeune homme. J'étais acteur là-bas, eh oui, comédien. Je peux bien le dire, oui, oui, de plus en plus connu. » Les yeux plissés, les dents sorties, tout heureux de son sort, semble-t-il, se dodelinant curieusement, se trémoussant même parfois, pris de brefs petits rires étranges, l'homme au chien pelé regarde partout, les hangars, le ciel, les cordes chargées de linge. Comme s'il arrivait d'une autre planète. Soudain, sombre : « Mais j'ai eu des ennuis. Graves. Avec ma famille. » Il me sourit de nouveau, toutes dents dehors : « Est-ce que je peux vous dire que j'ai trouvé mon premier hiver canadien absolument é-pou-van-ta-ble ? » On marche.

Je ne sais trop quoi lui dire. Alors : « Je ne suis qu'un étudiant et je ne sais pas comment je pourrais vous venir en aide, monsieur. » Il me regarde entrer dans la cour. Il me fait des petits saluts de son bras libre et s'en va. Son misérable chien se met à aboyer.

Ce n'est pas la première fois que je croise sur mon chemin des individus bizarres, ou carrément louches. « Mon p'tit gars, on dirait que tu les attires, ma foi du bon Dieu ! » m'a dit ma sainte mère, l'autre jour.

Lucille, qui aime faire visiter l'exposition de ses « cadeaux de mariage » au salon, raccompagne sa grande amie, Rita Morneau. Dernier palabre dans le portique. Ma cadette, Marielle, en pyjama, vient me vanter un roman d'amour qui l'a troublée. Romantique à souhait, elle a seize ans et rêve d'un beau jeune homme parfait pour son avenir. Ma quasi-jumelle, tout comme moi, aime bien se construire des châteaux en Espagne. Mon petit frère, Raynald, dort à poings fermés. Moi, j'étudie le Mexique – examen dans deux jours – à la table de la cuisine. C'est un lundi soir bien calme et il n'est pas loin de minuit. Refermant mon lourd manuel d'histoire, je vais me coucher quand, de son sous-sol, mon père me sonne – quatre coups brefs! J'ouvre la porte de la cave. Il est au pied de l'escalier : «Descends vite, un téléphone pour toi, de ta chère belle-maman très énervée!» Nous n'avons pas le téléphone à la maison, il n'y a que cet appareil «payant» au sous-sol, dans lequel chaque membre de la famille doit insérer un cinq sous pour communiquer avec qui que ce soit. Détestable, de devoir parler quand des clients écoutent ce qu'on dit.

Bon, je descends.

J'entends une voix angoissée, comme étouffée, très basse, c'est bien la mère d'Élyse. «Je suis morte d'inquiétude, mon ami, Élyse n'est pas rentrée, était-elle avec vous?» Me voilà immédiatement aussi inquiet qu'elle : «Non, ah non! Les lundis, vous le savez, on ne se voit pas. Jamais!» Un silence pesant. J'entends des sortes de râles, un souffle haletant au bout du fil, j'en suis paralysé et ne dis plus rien. «Jeune homme, ma petite Élyse est en danger peut-être, il faut me dire toute la vérité, car je vais appeler la police pour signaler sa disparition. On ne sait jamais, un enlèvement, une attaque, un crime, oui, un meurtre peut-être!» Elle éclate en vifs sanglots, je suis ému. Elle s'étrangle, hoquette, puis raccroche brutalement.

Je suis désemparé. Mon père descend du ressaut, les mains pleines de vaisselle sale. Il me voit très ébranlé, songeur : « Qu'est-ce qui se passe, tu es blanc comme un drap ! » Je me laisse choir dans son fauteuil d'osier près de la cuisinière : « P'pa ? Élyse a disparu ! Qu'est-ce qu'on fait dans ces cas-là ? » Mon père aussitôt : « Sa mère doit prévenir la police. » Papa prend la bouilloire, verse l'eau chaude dans l'évier. Le cœur me débat. Où est Élyse ? Où peut-elle bien être ?

Je me secoue. Je compose en tremblant le numéro de téléphone du 551-A Cherrier. « Madame, avez-vous téléphoné chez les Bélanger, chez son amie Pierrette ? » Aussitôt, de sa voix ébréchée : « Mais oui, évidemment, chez les Bélanger, et puis chez des camarades de Villa-Maria, du couvent de la rue Rachel, j'ai fait le tour avec tout ce que j'ai trouvé dans son calepin. À cette heure, imaginez-vous ma honte ? L'humiliation, mon ami ? Tout le monde me répond ne rien savoir. Devoir passer pour une irresponsable, la mère d'une délinquante ? » Je ne dis rien. Elle non plus. J'écoute ses pleurs mal retenus. Pour la première fois, j'éprouve de la sympathie pour la mère d'Élyse. Elle retrouve la parole : « Quand elle rentrera, ce sera la fin de ses folies, et pour longtemps. Ma fille, à qui vous avez monté la tête, ma fille que vous et votre bande avez détraquée, sera pensionnaire. Loin, au couvent renommé de Tracadie, au Nouveau-Brunswick. Cette fois, c'est décidé. J'ai une parente religieuse là-bas. Elle va payer très cher sa bêtise, je vous en passe un papier, jeune homme. »

Je garde le silence, cherche une solution. Sa colère éclate de plus belle : « Et vous, mon jeune ami, songez à

vous trouver une nouvelle autre petite à dévergonder.»
Elle ricane. Je fais : « Mais, madame, je ne sais vraiment
rien et je suis tout aussi inquiet que vous ! » Elle me raccroche encore au nez.

Un peu plus tard, au restaurant, deux *zoot suits* se
querellent et sacrent comme des charretiers. Incrédule,
j'observe mon candide papa qui leur montre la gravure
d'un Christ crucifié en leur disant : « Voyons, les jeunes,
ça vous donne quoi de blasphémer comme de vrais
démons ? Hein ? Rien ? S'il vous plaît, cessez donc de
sacrer ! »

Je me lève et retourne au téléphone. J'ose appeler Pierrette. Elle est étonnée et me répète, comme à
Armande, qu'elle ne sait absolument rien à propos de
cette fugue d'Élyse. Me dit qu'elle n'a reçu aucune confi-
dence. « Au contraire, me dit-elle, hier, à la piscine de
la Palestre nationale, Élyse m'a semblé d'une humeur
exceptionnelle, vraiment terriblement joyeuse. »

Le téléphone sonne dans cette nuit maudite. Il est
presque une heure et demie du matin. De nouveau
l'effrayante voix de cette mère aux abois : « Pas de nouvelles de ma fille perdue ? Rien ? Non ? Jeune homme, j'ai
même téléphoné chez des parents à Yamaska. Eh bien,
rien à faire. C'est un désastre. Élyse n'est donc nulle part !
Je suis dévastée. Ma petite fille est introuvable, je vais
devenir folle. Quelle angoisse ! »

Ses larmes, ses reniflements de nouveau, et soudain :
« Eh bien, bonne nuit, jeune homme ! Faites comme

moi, je vais aller me coucher. Avant, j'allumerai un lampion à la sainte Vierge. Je vais prier, et puis je vais essayer de m'endormir. Avec des comprimés. Quoi faire d'autre ? Peut-être, en pleine nuit, ou à l'aube, je la verrai rentrer à la maison, penaude, repentante ? Quoi faire d'autre, je n'ai pas osé mettre la police dans mes affaires privées, me donnez-vous raison ? » Je lui dis : « Oui, madame, oui. Vous avez raison, Élyse traverse une crise, elle reviendra d'elle-même cette nuit, j'en suis convaincu. Bonsoir, madame ! »

Je dors mal, me réveille sans cesse. Remuant tellement dans notre grand lit que Raynald, mon frère, en est incommodé. Impatienté, il allume la lampe de chevet : « Es-tu malade ou quoi ? » Je lui raconte la fugue d'Élyse. Il ne m'écoute pas vraiment et se rendort. J'aimerais avoir treize ans comme lui.

Le lendemain à l'heure du dîner, un coup de fil de Pierrette. « Écoute bien ça. Tu connais comme moi la cousine de ton Élyse, Catherine de Yamachiche, oui ? Eh bien, Catherine Désaulniers, elle s'est sauvée de chez elle et elle est venue à Montréal pour entraîner Élyse. Une fugue à deux, mon vieux ! » J'étais stupéfait, muet. Je n'en revenais pas. Je savais cette Catherine malheureuse dans sa petite ville, sous la terrible férule d'une mère aussi dominatrice que la mère d'Élyse, mais de là à fuguer ! À seize ans ! Pierrette continue : « Alors là, on part à deux, papa et moi, oui mon vieux, on s'en va les chercher. Élyse vient de me téléphoner. Elle avait une copie de la clé de notre chalet à Pointe-Calumet. » Je suis content, rassuré. Élyse n'a donc pas été attaquée, ni enlevée ni rien ! Je respire mieux. Pierrette : « M'écoutes-tu bien ?

Les deux cousines ont pris le bus d'Oka et sont descendues à mon chalet. J'ai averti sa pauvre mère. On part là. Tu peux dire adieu à Élyse, sa mère va l'expédier au Nouveau-Brunswick. »

La ligne fermée, je me suis laissé tomber dans le vieux fauteuil d'osier, écrasant la blague à tabac et la pipe de mon père. Soudain, j'en fus surpris, je me suis mis à pleurer, à verser de grosses larmes en silence. Un client est entré, le professeur Hudon, notre voisin. Il a commandé un *cheese sandwich* et une liqueur aux cerises. Il me fixait, ne comprenant pas cette crise de larmes. Mon père s'est approché et a posé sa main sur mon épaule: «On l'a retrouvée, si j'ai bien compris? Tu devrais être content, pourquoi pleurer, mon gars? »

Je pensais à ce couvent à l'autre bout du pays, à Tracadie. Je suis allé marcher. Au coin de la rue, les affiches du cinéma *Château* annonçaient *Manon* avec Cécile Aubry et, au même programme, *Fandango* avec Luis Mariano! Pas le goût. Incapable de penser à autre chose qu'à ce couvent lointain, et à une jeune fille prisonnière là-bas. J'avais encore envie de pleurer, mais je me retenais, il y avait du monde qui attendait le tramway Saint-Denis.

19

Lames et larmes

Je ne la vois plus. Des jours et des jours passent. Où est-elle, ma belle – «blafarde», a osé dire Ti-Cor! Élyse disparue de ma vie, et que j'aime toujours comme un fou.

Au lendemain de sa fugue, notre dernière conversation, alors que sa mère était sortie quelques minutes, m'a assommé :

«Écoute, là-bas, au chalet des Bélanger, on tentait ma cousine et moi d'entretenir un feu de cheminée et, soudainement, on a entendu des coups frappés sur les murs à l'extérieur. On a paniqué, Catherine et moi, tu comprends? Ça cognait et ça hurlait dehors dans la nuit! Ma mère a peut-être raison en fin de compte, tu sais? Maintenant, je pense que je devrais me calmer. Essayer de lui obéir davantage. Elle m'aime, ma mère, au fond, tu sais. Claude, ne cherche plus à me joindre, ça la rend folle, ma pauvre maman. Quand je pourrai, je te téléphonerai, moi.»

Des jours ont passé. Plus aucune nouvelle de mon grand amour. Élyse avait-elle été internée dans ce lointain couvent? Incommunicado? J'imaginais le complot de la *mother*, oui, j'imaginais le pire : ne plus pouvoir jamais la revoir! Je me cherchais, mollement, un job d'été. Mon père, son journal brandi, page des petites annonces : « Eurêka ! J'ai trouvé ! » Tout excité, papa me conseille d'aller, vite, vite, me présenter à une manufacture de souliers tenue par des Chinois, rue De La Gauchetière : « J'ai téléphoné, mon garçon, c'est une fabrique de souliers en plastique. Ils m'ont expliqué, facile, tu auras une polisseuse et des boîtes de semelles. Des talons aussi. À coller ensemble. Ensuite, tu fixes des lanières de cuir avec une agrafeuse électrique. Tu vois ça… Tu m'écoutes pas ! »

Non, je n'écoutais personne. J'étais enfermé dans mon désespoir. Je devenais fou, je songeais à aller quelque part pour me cloîtrer à jamais. Je songeais à La Trappe, à Oka, ou au monastère des Dominicains. Avec la classe, nous étions allés visiter Saint-Benoît-du-Lac. J'avais aimé l'ambiance, la musique, les chants grégoriens surtout, la qualité du silence partout sur le site. Ce serait terminé à jamais, « les filles », et les souffrances de l'amour. Les moines, là-bas, ne me demanderaient pas si j'avais des parents à la noble notoriété. Si je descendais d'un seigneur, ou si mon géniteur était un industriel important ou un juge, un chirurgien connu, un notaire bien coté. Ou député, mieux, ministre ! Fils de roi ou fils de personne, au monastère, on devient un anonyme parmi les anonymes.

Me sentant perdu, abandonné, j'ai décidé une dernière offensive de coups de fil à partir du restaurant, et tant pis pour les ricanements de mon père. Misère, cette voix de chipie, à chaque tentative pour parler à mon amour, avec ses « Assez, ça suffit, Élyse voyage. Elle n'est pas ici ». Clic ! « Élyse séjourne à Yamachiche. » Clic ! Ou :

« Élyse visite des parents dans le Maine, aux États-Unis. » Clic! Cette gardienne revêche sait très bien qui est ce garçon qui cherche sans cesse sa… *proie* – oui, Élyse est *sa proie* –, elle reconnaît vite cette voix qu'elle doit maudire.

Je n'en peux plus de cette adversaire acharnée de nos amours, mais je suis désemparé. Un soir, mon père ose me présenter une jeune cliente : « Voici Évelyne Francon, Claude! C'est la fille unique du pâtissier français, rue De Castelnau. » Je ne l'ai même pas regardée. J'ai tourné le dos, je suis sorti du magasin paternel, vraiment furieux, en maugréant des imprécations : « P'pa, je t'en supplie, tes affaires, okay? Tes affaires, hein? » Gêne et protestations de mon père. Ça lui apprendra! Je suis allé m'écraser au *Rivoli*, devant un film comique, *Frankenstein*, avec le célèbre duo Bud Abbott et Lou Costello. Ça ne m'a pas fait rire, le diable!

Où peut-elle bien être, Dieu tout-puissant? Sa mère l'a-t-elle vraiment exilée? Personne ne sait rien, ni sa grande amie, Pierrette, ni la riche héritière de feu Herménégilde Désaulniers, Catherine. Personne ne sait où est la fille de mes rêves! Curieux mystère! Suis-je vraiment devenu fou? En venir à croire qu'il y a une sordide coalition, une vaste conspiration du silence, oui, que tout le monde s'est ligué contre moi. J'en deviens malade, j'éprouve des nausées. J'appelle encore et encore chez la Noble Armande. À toutes sortes d'heures, plusieurs fois par jour même. Élyse ne décroche jamais! Est-elle vraiment loin? Entendre et réentendre, maintenant d'un ton poli : « Élyse n'est pas à la maison, mon cher petit monsieur. » Ou plus bêtement : « Perdez pas votre temps, Élyse ne reviendra pas avant six mois! »

Oh, mon Dieu! Je crève d'ennui. Où est-elle? Un jour, je suis à bout, j'ai un projet fou, une envie déraisonnable: avec un couteau, me rendre au 551-A Cherrier, forcer la porte, la défoncer s'il le faut, sauter à la gorge de cette mère indigne, et à la pointe de mon couteau, la forcer à parler, au besoin la battre comme plâtre, la lame entre les dents, tels ces pirates de Hollywood. Fou? Oui. Diable, je devenais dangereux. Plus tard, voilà que Mme A. me sort du neuf, avec un atroce sourire dans la voix: «Ma petite Élyse est au Nouveau-Brunswick, au bord de la mer, oui, pour une meilleure santé!» Un autre mensonge? Et encore une nouvelle invention: «J'ai offert un grand voyage à ma fille. À Londres. Dans une grande école. Indispensable de bien savoir parler anglais pour, un jour, obtenir un poste de secrétaire confidentielle, c'est vital.» Clac!

C'est une fin de juin au climat parfait. Un bel été s'installe. Des journées entières à entendre bruire les arbres sous des vents tout légers. Rue De La Gauchetière, huit heures par jour, chaque jour de la semaine, je colle des talons sur des semelles. Je fais rouler ma polisseuse. Je fixe des lanières. Les boîtes se remplissent et le patron, un Chinois nabot, vient les chercher en fin d'après-midi. C'est là que je sors ma carte d'employé et que j'actionne « *le punch de la clock*». Cling clong! Je reprends le tramway Saint-Denis au coin de Dorchester, je rentre souper.

Le soir, je vais marcher, un peu partout, sur le mont Royal, au parc La Fontaine, au parc Jarry. Je reste un gars très seul. Plus d'amie, plus de cette pâle beauté qui m'illuminait tant. Je m'étiole, me désagrège, ma foi! Un été perdu, je le crains, je sèche, je vais finir par casser, bon sang! Je dors de plus en plus mal. Je souffre tant d'Élyse. Elle pourrait m'écrire, non? Elle ne m'aime plus, c'est très clair. Mon impuissance m'assomme, mais comment aurais-je pu échapper éternellement aux horribles manœuvres de sa mère pour nous séparer? Oui, des doutes s'incrustent dans ma cervelle. Élyse, est-elle d'accord désormais avec cette cruelle séparation? Plus ou moins complice des manigances de madame sa mère? Je dois faire face et tenter absolument quelque chose. A-t-elle cessé de m'aimer? Elle ne saurait pas comment me le faire savoir? Mon Dieu, quelle grande peur! Une frousse insupportable! J'en crèverai, ma foi. Je suis de plus en plus fou d'elle, on dirait.

Je quête des suggestions de moyens pour la retrouver auprès des camarades du collège, Olivier Gauthier, qui me confie ne plus vouloir devenir vétérinaire en Afrique, Roger Reinhardt qui, fou de théâtre, vient de s'inscrire chez le fameux François Rozet, mon voyou joyeux, Ti-Cor Laurence, qui, lui, n'est pas obligé de travailler pour apporter une petite pension à son papa, pharmacien prospère. Ti-Cor qui s'est procuré un canot automobile pour vagabonder sur les lacs des Laurentides.

Suis-je normal? N'ai-je aucune fierté? J'ai osé, un soir, aller sonner au 551-A. Souriante, dans sa porte entrouverte, la grande aristocrate m'a regardé d'un air aimable. Elle m'a dit doucement: «Écoutez, jeune homme, vous me faites pitié en fin de compte. Comment vous réveiller? Vous sortir de votre erreur? Je ne vous veux pas de mal, mon jeune ami, sachez-le bien, mais vous vous entêtez à vivre en dehors du réel. Vous refusez de comprendre le bon sens. De bien saisir les abysses qui séparent votre famille de la mienne. » Elle m'offrait même d'entrer pour boire un petit verre, amicalement! J'en étais muet. Élyse? Je devais l'oublier tout bonnement? Avais-je la peste? Est-ce que je puais? Avais-je des gales? C'est une folle! Quoi faire? Me jeter à ses genoux et pleurer? Crier de désespoir, de rage? Je lui tourne le dos. Je regarde le trafic de la rue Saint-Hubert. Le soleil du crépuscule dorait les belles pierres taillées des maisons. Je cherchais quels mots employer pour l'attendrir un peu.

J'allais encore insister quand elle me tourne le dos, se penche pour saisir un gros arrosoir de métal gris. Je m'éloigne, fais quelques pas sur le trottoir; la *mother* semble vouloir noyer ses deux jardinières suspendues. Je reviens vers son étroit perron… avec une envie de pleurer. Soudain, le klaxon pétaradant d'un immense camion éclate dans l'air, me sort de ma songerie.

Une envie de fuir. À toutes jambes. Fuir où? M'exiler? À Paris, ville des arts et lettres par excellence? Oui, demander une bourse au ministre de la Jeunesse, Paul Sauvé. L'obtenir sans doute, car mon père m'a dit souvent avoir été son ami intime au collège de Sainte-Thérèse? Où trouver de l'argent, sinon? Chez cette tante de maman, Corinne Sénécal, à qui elle me forçait d'écrire chaque Noël? La riche exilée de l'avenue Kléber, cette mystérieuse marraine inconnue? Non.

Où cacher ma douleur? Devenir un « habitant », un cultivateur. Maraîcher parmi les maraîchers parents de papa, à Laval-des-Rapides? Aller quêter chez les parents de maman, les Lefebvre, éleveurs de moutons au lac

Saint-François? Non, je n'y resterais pas. Je sursaute, la voix rauque de la *mother*, l'arrosante: «Oui, c'est cruel à dire, il faut vous réveiller. Finirez-vous par prendre conscience que deux mondes séparent des gens comme vous et nous. Ouvrez les yeux: nous sommes des *Des Aulniers*!» Elle pose son arrosoir et ouvre sa porte, avec un dernier regard de feu: «Faut me promettre de ne plus revenir ici. Écoutez, ma fille n'ose pas rompre avec vous, est-ce que c'est clair?» Puis elle entre comme quelqu'un qui se sauve et claque la porte.

Oh non! Je m'appuie à la rampe. Je vacille, je vois d'énormes araignées autour du chambranle du 551-A. J'entends des sons lugubres, de lointains gémissements. Est-ce moi? Est-ce que je crie? La porte s'entrouvre: «Mais oui, vous perdez votre temps. Je regrette d'avoir à vous le dire, mais puisque Élyse ne dit rien... Je peux la comprendre d'avoir peur de vous, vous êtes si intense, si romantique.» Elle referme la porte, l'ouvre encore: «La vérité, c'est qu'Élyse doit avoir pitié de vous, mon pauvre ami, c'est clair!» Elle reste là et je vois dans ses yeux, enfin, un regard de compassion, presque de bonté. Mais je me sauve pour traverser la rue Cherrier.

Je marche un peu croche, je n'entends plus rien, je me vois trembler un peu et il me semble que, subitement, le ciel s'obscurcit, que le temps se refroidit. Elle a menti, non? Cette méchante femme veut m'éprouver. Elle me ment. Je me fige au milieu du trottoir, reste immobile, lève les bras au ciel. Un taxi s'arrête, se sort la tête: «Montez, jeune homme!» Je m'éloigne. Du trottoir d'en face, je vois «la grande dame noble» qui passe, vigoureusement, le balai sur son perron.

Où m'en aller? Ma vie est cassée. À jamais! Je regarde vers la rue Saint-Hubert à ma gauche, c'est flou. Je regarde vers la rue Saint-Denis à ma droite, même vision floue! J'ai les pieds en ciment. Si Élyse pouvait arriver et me sourire! Elle est peut-être blottie derrière les rideaux du salon? Se cacherait-elle vraiment de moi? Non, pas son genre. On l'a emprisonnée, j'en mettrais ma main au feu, ou sa mère l'a vraiment expédiée chez quelque «noble» *Des Aulniers*, loin. C'est plus fort que moi, les mains en porte-voix, j'ose lui crier: «Je vous déteste, madame! Oui, oui, je vous hais profondément!» Elle lève les yeux, me regarde et rentre chez elle en hochant la tête.

Je souffre, ma mère s'inquiète. Chaque soir, je m'endors très tard et je n'ai plus guère d'appétit. Encore hier, je n'ai même pas touché à sa choucroute, maman en fut tout étonnée. Pauvre maman! J'ai maintenant des tics nerveux, les yeux qui clignotent. Raynald, mon petit frère, se moque de ma détresse. Mes deux sœurs aussi, Nicole et Reine. Ma cadette, Marielle, elle, semble solidaire de ma peine. Elle ne me ridiculise pas, me reste fidèle, semble triste pour moi. Nous avons toujours été, Marielle et moi, des sortes de complices. Mais malgré ce soutien, je me ronge les ongles maintenant. Ça énerve ma mère. Férocement, je barbouille de gouache un mur au pied de l'escalier de la cave, je croise ma mère qui apporte à papa des oignons et des boulettes de viande hachée. «Pauvre p'tit gars, se ronger les sangs pour une amourette, tu verras, tu vas en vivre bien d'autres, des aventures!» Comment la faire taire? Je déteste les mères du monde entier.

144

Chez mon manufacturier chinois, dans le Chinatown, ça puait trop le vernis. J'ai fini par me trouver un autre emploi. Je suis serveur dans une auberge à Oka. Ainsi, pas trop loin du chalet familial, je peux venir nager dans notre grand lac des Deux Montagnes à chaque congé. C'est une petite auberge, une dizaine de chambres, mais d'une imposante architecture. De style Bauhaus, avant la guerre, ce lieu baptisé *Le Baronnet* fut la propriété d'un richard belge, le baron Ampain. En me levant, chaque matin, je m'efforce de guérir, d'oublier la catastrophe : Élyse qui ne m'aime plus. J'arrive quand même à mieux fonctionner et la belle nature tout autour me calme. On m'a chargé de faire visiter à nos clients les célèbres stations du vieux Calvaire des Amérindiens derrière l'hôtel ; j'aime jouer le guide, j'obtiens de bons pourboires. J'ai aussi d'autres charges : voir aux bouquets de fleurs sur les tables, entretenir le jardin, le tennis, le jeu de croquet, le garage. Avant la fin de l'été et mon entrée à cette École du meuble, j'arriverai à ne plus y penser.

Mais je dois raconter maintenant ce que je voudrais oublier.

Le vingt-trois juin, il y a un mois, la catastrophe attendue se matérialisait : j'apprenais que je coulais mon année, de façon lamentable, zéro en mathématiques. La fin pour moi des études classiques ! Plus grave ? Dans mon bulletin, une feuille de papier pliée en deux et signée Aurèle Allard, le directeur du collège Grasset :

Vous devez savoir que l'élève (mon nom) ne sera pas admis au collège en septembre prochain, il est considéré comme indésirable.

Ce mot m'a blessé profondément. Maman a pleuré, papa – toujours optimiste – a haussé les épaules. Dans sa gargote il avait cherché une issue pour moi et a aussitôt parlé d'une école… de métiers! Ma mère a mis du temps à se consoler: «Tu ne seras donc jamais un avocat. Mais que vas-tu faire, que vas-tu devenir?»

Quand je déclare vouloir m'inscrire à l'École des beaux-arts, mon père, pourtant «peintre-du-dimanche, artiste primitif», bondit: «Ah non! Jamais! Pas question! Veux-tu crever de faim toute ta vie?»

Tant pis, je serai donc un ouvrier, et pourquoi pas? Maman répète d'ailleurs souvent: «On n'est pas, personne dans cette maison, né de la cuisse de Jupiter.» Alors quoi? Durant les pauses dans mon usine, je rédigerai des poèmes de feu! Des odes à l'amour perdu, à Élyse échappée?

Et Mme *Des Aulniers* du 551-A rue Cherrier, quand elle apprendra pour «l'usine», en profitera pour me dénigrer définitivement. Il me semble l'entendre: «Tu vois, ma fille, ton soupirant est un raté, un sans avenir, un moins que rien.» Un jour, je rédigerai un grand roman d'amour, au milieu de mes camarades en salopette… Moi, un rêveur?

Après une semaine, soudain, je souffre tant de nouveau que je téléphone à Pierrette Bélanger, du bureau de ma patronne. Hélas non, elle n'a pas vu son amie Élyse depuis très longtemps. Elle me lance: «Veux-tu bien me dire où elle se cache, c'est fou, ça!» Le lundi suivant, c'est mon jour de congé à l'auberge et je décide d'aller encore affronter la *mother*. J'espère un miracle, une Élyse réapparue, qui me sautera dans les bras. Il y a que je me meurs de désespoir et que je n'en peux plus. Ô Élyse, ma jolie déesse, ma beauté pâle, tu me manques terriblement. Quand je pense à toi, mon cœur s'affole, des sueurs apparaissent sur mon front. Je sens mes tempes qui battent.

Un carton dans la vitre de la porte : « Partis. Vacances. De retour dans 15 jours ! Laissez colis buandier chinois rue Saint-Hubert à côté. »

M'en allant, le cœur gros, je découvre, tout étonné, une jolie fleur nouvelle qui pousse dans le petit parterre. J'en suis ému à pleurer.

Beau lundi matin du début de juillet, congé que je passe toujours au chalet paternel du bord du lac. Je vois, en sueur, les cheveux défaits, ma mère. Beau temps, mauvais temps, la Germaine est débordée par la marmaille. Devoir nourrir huit bouches – elle mange elle aussi – trois fois chaque jour, près de cent repas chaque mois ! Elle a pris mon linge sale de la semaine et m'a encore récité son accablante antienne : « Qu'est-ce que tu vas faire ? Y as-tu pensé ? Qu'est-ce que tu vas devenir, rester toute ta vie un petit *waiter* ? J'peux pas l'croire ! »

Elle m'énerve tant que je décide de monter en ville. J'ai marché par le chemin de sable de La Baie vers Saint-Joseph-du-Lac. Au garage du coin, route 29, j'ai pris le bus pour Montréal et, une fois rue Saint-Denis, papa m'a fait un gros hamburger. Puis il m'a parlé d'une école, rue Berri, là où il y a des cours de dessin, de peinture. L'École du meuble. Il m'a remis, tout content, un prospectus. « Je t'ai inscrit pour septembre ! »

Ensuite, j'ai pris le tramway pour, eh oui, encore la rue Cherrier. Le temps s'est refroidi et la pluie menace. Des nuages noirs plein le ciel. J'ai hâte et j'ai peur. La sévère Armande devra me dire la vérité ou bien je la tue! J'ai un peu peur de moi, de mon état, de mes nerfs à vif. Mais ça suffit, ce suspense insensé. Il faut absolument que je sache où se trouve mon grand amour, ma précieuse Élyse.

M'y voici et j'hésite à aller sonner, je reste posté de l'autre côté de la rue. Je noue la ceinture de mon trench-coat. Quoi faire? Une petite voiture jaune citron vient se stationner devant la maison! Un cabriolet allemand. Le cœur me débat, j'ai le souffle court quand je vois sortir de la décapotable ce lointain cousin d'Élyse, toujours aussi gras, les joues très roses, c'est lui, Cheveux d'or, la chevelure d'un jaune qui rivalise avec celui de sa petite bagnole. J'ai déjà rencontré «le favori» de madame mère. Elle me l'a déjà présenté, ce tonneau ambulant.

Je me dissimule du mieux que je peux derrière l'abri des bus. «Favori» jette sa casquette blanche sur son siège, se penche pour ramasser un bouquet de roses. Je l'observe qui coiffe son abondante tignasse à vifs coups de peigne tout en filant au 551-A. Il sonne. Il se dandine, se retourne. Me voit-il? Il regarde l'heure à son poignet. Je le vois sonner de nouveau et, enfin, on lui ouvre. C'est elle! Elle enfin! Toujours aussi belle! Mon cœur cogne. À se rompre. Mes yeux aussitôt se mouillent. Je ploie. Je penche. Je vais tomber. Je m'accroche. Je vais m'accroupir, moi, le moins que rien, le raté, n'est-ce pas, maman? Je suis un ver de terre. Misère humaine, est-ce que je dois m'accroupir? Élyse me paraît toute joyeuse! Elle rentre dans la maison à toute allure, revient aussitôt en nouant un joli foulard de soie autour de sa tête. Cheveux d'or se trémousse, fait des gestes de galant, met ses gants. Élyse porte cette jolie robe verte que j'aimais tant. Svelte, souriante, elle va s'installer dans le cabriolet, et moi j'ai mal. Partout. Je marche très lentement sur le trottoir d'en face, jusque devant sa porte. J'ai mal, je vais tomber à terre, mon cœur va éclater. Le soupirant jaune fait le tour de son cabriolet, donne des petits coups de pied aux quatre pneus, s'installe enfin au volant. Fier. Souriant. Regard au ciel. Il ajuste soigneusement sa casquette sur son tas de foin, se penche vers Élyse, lui embrasse la joue très longuement. Je crains de m'évanouir. Ils partent sur les chapeaux de roues.

Armande *Des Aulniers* a donc gagné! Quoi faire? Aller me jeter dans le fleuve? Je marche lentement vers la rue Saint-Denis. Des larmes plein les yeux. Je suis tellement étourdi que je me cogne à un poteau. Plus loin, à un arbre. Passe un vieillard tout courbé qui semble m'observer, assez inquiet. Je marche en aveugle. Tout me paraît flou, croche, mouvant, mais je ne veux pas m'évanouir. De brefs éclairs au ciel, loin, puis un bruit sourd. Je maudis cette rue Cherrier. Je ferme les poings. Encore le tonnerre très loin. J'essaie de respirer normalement, profondément. Mes larmes m'aveuglent maintenant. Je sors mon mouchoir. Ma vue s'embrouille davantage et je cours m'asseoir dans un escalier. Je me plie en deux.

Où aller? Pour devenir quoi? Une vieille femme, très grande, très droite, les cheveux d'un gris de neige, s'approche. Elle se penche sur moi, me touche un bras. Je constate que mon trench-coat est tout sale. Suis-je tombé? J'ai honte. La curieuse dame maigre dit: «Ça va, oui? Est-ce que ça va, jeune homme?» Je ne dis rien. Je ferme les yeux. «Vous n'allez pas bien?» Je tente de pendre une respiration, je lui souris avec mes larmes plein les yeux. Elle insiste: «Est-ce que je peux faire quelque chose? Avez-vous besoin d'aide?»

Je fais signe que non. Je me relève. Je marche. Je m'approche du coin de la rue Saint-Denis. Il y a du trafic et j'ai peur de traverser la rue. Ça coule sur mes joues et je m'entends gémir et marmotter. Toi, Élyse? Élyse, toi? Deux gamins s'approchent. L'un a un bolo rouge, l'autre un bilboquet bleu. Ils m'observent discrètement. J'ai tellement honte de moi. Envie de crier: Élyse, nous nous aimions tant! Élyse, mon amour perdu!

Je veux aller m'asseoir au carré Saint-Louis, de l'autre côté de la rue. Il se met à pleuvoir, doucement, une ondée toute fine, c'est le ciel qui veut accompagner ma peine. Un arc-en-ciel luit au fond de la rue Saint-Denis. Accalmie de voitures et je traverse. J'ai maintenant de la morve partout sur le menton, honte davantage. Un petit vieillard traînant un gros cabot noir bien laid, longs poils ébouriffés, passe tout près de moi. Il se retourne et m'examine, étonné sans doute par tant de sanglots. «Besoin d'aide, mon jeune ami?» J'accélère le pas, le fuyant.

Je n'arrive pas à me calmer. Je cours me réfugier dans une cabine téléphonique. Je vais mourir, je vais crever d'une Élyse partie avec un autre, de cet amour perdu, mon grand amour qui me bafoue. Je suis épuisé de tant pleurer, je tombe à genoux dans cette étroite cabine. Je vois qui s'approche une jolie fille déguisée comme une fée de cinéma. Elle porte un panier d'osier, avec une bandoulière autour du cou. Je lis en lettres dorées sur sa bannière argentée le mot *Chiclets*, la célèbre marque de gommes à mâcher. La fée m'a vu, fonce vers la cabine. Aussitôt, derrière elle, surgit un gaillard très maquillé, est-ce que je rêve? Il porte un chapeau pointu sur un tas de cheveux jaunes. Cet étrange sosie du soupirant d'Élyse vient carrément vers moi, cogne très fort, avec son rire fardé, dans la porte vitrée de ma cabine. Je voudrais me dissoudre, m'envoler, disparaître. Mais ce bouffon frappe sans relâche!

La fée, avec sa longue baguette pailletée, vient aussi cogner dans la porte: «Êtes-vous malade? Ouvrez! Est-ce que je peux vous aider?» Je lui fais signe de s'en aller mais elle parvient à ouvrir un peu la porte, écarquille les yeux, tout étonnée de me voir agenouillé là-dedans. Avec son pied chaussé d'une énorme bottine, le clown de *Chiclets* retient la porte ouverte et, d'une voix de fausset: «Voulez-vous qu'on appelle une ambulance. La police?»

Je vois mal cette face toute grimée, je distingue juste ses énormes lèvres beurrées d'écarlate. Son rire fige et le voilà penché pour m'aider à me relever. Je me laisse faire.

Je sors. Le bouffon me prend le bras: «Ça va? Vous n'êtes pas malade?» Je tente de sourire et je m'éloigne. Je titube. Ils s'en vont au square Saint-Louis. La «fée chewing-gum» offre de ses dragées aux enfants accourus. Son fou gesticule en jouant de son gazou à quatre sous. La horde d'enfants suit en riant, un gamin trépigne sur un banc du square. Au loin, un vagabond au très long manteau rapiécé fait des cabrioles et échappe son flasque. Je m'avance maintenant dans le parc, je vise un banc libre, le rejoins et m'y jette. Des piétons, rue Saint-Denis, rient volontiers des acrobaties du clown. La joie tout autour, alors je ne veux plus pleurer. Je saigne pourtant. Je ne sais pas ce que je vais devenir. Demain. Après-demain. Vivre sans elle? À tout jamais? Est-ce qu'on peut mourir d'amour? Je suis étonné de respirer normalement, je me sens comme un somnambule. Plus personne ne me remarque, je suis peut-être devenu invisible? Un couple de promeneurs me frôle de très près, ah oui, je jurerais qu'ils ne me voient pas. Ma vie est finie, tout tourne, je vais m'évanouir, on me conduira dans un hôpital, on va m'administrer des remèdes, je sais qu'il n'y aura rien à faire et que je finirai par m'éteindre. Est-ce qu'on peut, comme au théâtre, à l'opéra, ou dans les films et dans les chansons, mourir d'amour? On rit autour de moi. Les arbres forment des ombres de toute beauté. De si beaux Marc-Aurèle Fortin au-dessus de ma tête!

Quoi qu'il advienne, je n'oublierai jamais Élyse, ni ses beaux yeux sombres, ni ses longs cils, ni son nez si fin, ni sa belle bouche. Ses sourires si doux. Je voudrais pouvoir l'imaginer, triste, malheureuse, torturée, regrettant son obéissance à la *mother*, désormais abattue, désespérée. Se débattant peut-être dans ce cabriolet au jaune écœurant. Je l'imagine qui file… où? À Yamachiche? À Québec? Ou à Gaspé? Au Rocher de Percé? Plus loin, c'est impossible.

Ma vraie vie vient de se terminer et je n'irai pas étudier à cette École du meuble, pauvre papa. Comment mourir vite? Sans que cela fasse trop mal. Comment se tuer sans endurer trop de douleur? Lâcheté du monde! Le soleil a chassé la fine pluie, l'arc-en-ciel a disparu. Je marche à toute vitesse autour du square pour m'étourdir. M'arrêtant devant le bassin, je me mets à pleurer de nouveau, jusqu'à n'avoir plus de larmes. Étonné, rien ne sort plus de mes yeux. C'est entendu, mes parents ne me reverront jamais, je dormirai ici sur un banc. Le sort de vagabond me sera-t-il plus supportable?

J'ai perdu. J'étais indigne de vous tous, chère madame *Des Aulniers*, de vos ancêtres aristocratiques, des valeureux seigneurs de Yamachiche. L'Armande, enfin, doit respirer en paix, satisfaite, bien débarrassée de ce fils-de-petit-restaurateur, minable roturier de basse extraction. Son Élyse si précieuse est sauvée.

Le ciel a embelli peu à peu. Le soleil baigne maintenant tout le square. Les arbres distribuent des ombres bienvenues ici et là, c'est très beau. D'invisibles oiseaux chantent joyeusement. Oui, c'est beau la vie et je le sais bien, mais ça n'est plus pour moi, ce trop-plein de paix et de calme tout autour. Je regarde les tramways bondés qui glissent dans leur vacarme de ferraille. La vie citadine palpite, sans moi. J'ouvre grand les yeux, un peu plus serein; la réalité règne, indifférente aux malheurs des gens. Je suis de trop.

Pas loin de moi, des éclats de rires fusent soudain, je me retourne. Deux belles filles pleines de bonheur se lèvent et, en riant, courent vers la fontaine, des cornets de papier dans les mains. Je vois de nouveaux flâneurs qui s'en viennent, dont un très vieux prêtre qui s'assoit à mes côtés. Il ne me voit pas lui non plus! Il sort du pain de son paletot et en jette des miettes un peu partout. Il lâche soudain un petit crachat à ses pieds. Puis, il se tourne et me sourit, avec son visage de pomme ultra-cuite. Il ouvre un grand album. Je distingue des gravures, une flore exotique.

Bon, okay, où aller mourir? Comment me tuer? Je dois agir mais je m'accroche, je lis le titre sur la couverture du livre de l'ecclésiastique: *Paul et Virginie.* Je me lève, je m'éloigne. Un policier se retourne sur mon passage. Il me sourit, me lance: «Finalement, il fait très beau, pas vrai?» Je grimace comme malgré moi: «Ah non, il fait pas beau, il fait laid, très laid!»

J'ai traversé la rue et je file vers mon tramway. J'y monte et là-dedans, tout le monde me semble mal-heureux! Bizarre. Des gens qui me paraissent vêtus de haillons. Curieux! On dirait des squelettes. Avec des faces sinistres. Des visages si tristes, et toutes ces épaules courbées, je vois des mains qui tremblent, ai-je des visions? Tout ce monde avec des mines renfrognées, des moues d'esclaves résignés, déçus par la vie. Je dois faire un cauchemar. On m'a ramassé plus tôt? Je suis hospi-talisé, peut-être?

Au coin de la rue Bélanger, je quitte le tram comme un automate pour rentrer chez moi. J'obéis à quoi? Rentrer pour manger. Est-ce que ce sera mon dernier repas? Je sais que ma mère a fait sa fameuse choucroute, c'est «son» plat et sa routine des jeudis. Une choucroute dont je raffole. Oui, ce sera certainement mon dernier repas en famille. Après ça? Aller à La Trappe des moines cisterciens, à Oka? Je trouverai bien un moyen ou un autre… d'en finir, une manière de débarrasser cette terre, je trouverai bien, mais là, j'ai vraiment faim. Quoi? Est-ce que les larmes creusent l'appétit?

En novembre, j'aurais dix-huit ans.

Au cinéma du coin, des affiches bariolées appellent de leurs vives couleurs. Rita Hayworth, ses beaux cheveux étalés, ses épaules dénudées, me sourit à pleines dents. Vite, je marche vers le 7068. J'entre en disant: «C'est moi!» Maman est installée à sa cuisinière. Brasse «je ne sais quoi» dans un chaudron et me sourit. Sa trâlée s'attable et elle est heureuse. J'imagine papa, en bas dans son fauteuil d'osier, qui tète sa pipe encore éteinte. Il aime manger seul, après nous. Sur le balcon, dans la berçante, le journal est ouvert au courrier du cœur de Mme Colette. C'est la page favorite de maman qui, me voyant m'asseoir, me dit: «T'as le visage long, toi! Qu'est-ce qui t'arrive et d'où sors-tu, ton trench est tout sale?» Je ne réponds pas, je pense au cabriolet jaune. «Tu es à l'heure quand c'est ma choucroute, hein?» Elle me sourit, me passe la main dans les cheveux.

Bof, je me trouverai une autre fille. J'ai vu tantôt passer Angéla, la belle Italienne lumineuse de la rue Drolet. Elle me souriait, elle le sait trop qu'elle est jolie. J'ai détourné la tête. Ce midi, je croyais que mon cœur resterait vide jusqu'à la fin des temps.

FIN

Table

Suivez-nous :

Réimprimé en août deux mille quatorze
sur les presses de Marquis-Gagné
Louiseville, Québec